MUERTE BAJO SOSPECHA

TODA LA VERDAD SOBRE EL CASO

ÁNGEL CARROMERO

OBERON

El editor se limita a publicar la presente obra, su contenido y las opiniones en ella vertidas son de exclusiva responsabilidad del autor.

© Ángel Carromero, 2014

© EDICIONES ANAYA MULTIMEDIA (GRUPO ANAYA, S.A.), 2014
Juan Ignacio Luca de Tena, 15. 28027 Madrid
Depósito legal: M-4256-2014
ISBN: 978-84-415-3529-9
Printed in Spain

MUERTE BAJO SOSPECHA

A Loreto, a Borja y a tantos amigos, por haber estado donde otros faltaron.

A Pablo, por haberse ocupado de mi familia.

A Esperanza, por demostrar una vez más que la defensa de la libertad está por encima de todas las cosas.

A mi madre, por haber tenido el coraje de resistir.

A mis editores y su equipo, cuyo minucioso trabajo contribuyó a mejorar estas páginas.

A Harold y Oswaldo, porque ellos son los verdaderos protagonistas y porque este libro nace para hacer justicia.

A todos los cubanos que quieren ser libres.

Solo la mente del Partido, que es colectiva e inmortal,
puede captar la realidad.

Lo que el Partido sostiene que es verdad
es efectivamente verdad.

Solo es posible ver la realidad a través
de los ojos del Partido.

GEORGE ORWELL, 1984

REPÚBLICA DE CUBA
(escenario de los hechos)

La Habana

Granma

Vado del Jeso

La Gabina

Bayamo

Índice

... el furor de los impíos no se calma sino
con la destrucción de las personas...

«Cartas a Elpidio»,
Pbro. Félix Varela

Prólogo

Jamás habría querido escribir las páginas que siguen. Intentan prologar un libro que nunca debió ser necesario. Pero los hechos, ya se sabe, son obstinados. Y es justo la realidad, la intransigencia de los hechos, el material con el que Ángel Carromero ha alzado su testimonio: hechos desnudos, recuerdos de un pasado tan reciente como insoportable.

Ahora, cuando repaso una y otra vez los acontecimientos de aquel terrible julio de 2012, me viene a la memoria que escuché que, con el viaje de Ángel Carromero y Aron Modig, se había cometido una indiscreción. Se había hablado del viaje por un teléfono móvil del que mi padre sospechaba; mejor dicho, no sospechaba, tenía la certeza de que estaba intervenido por la seguridad del estado. Intervenir un teléfono en Cuba no es algo inusual o sorprendente; en cambio, era algo que exigía un cuidado especial.

De modo que la llegada de los extranjeros probablemente había sido detectada.

Con esos extranjeros ya vigilados, me senté a conversar a la orilla del mar. Hacía apenas veinte minutos que los conocía. Acababa de abrir, sin permiso, con la resolución que da el saberse observada, la puerta trasera del auto en que esperaban al borde de una calle. Les dije que mi padre me había enviado porque él y Harold tardarían un par de horas en estar libres y poder encontrarlos.

Carromero y Modig, dos jóvenes europeos enrolados en política. Conversando y encontrando las similitudes y las grandes diferencias (sobre todo en términos de peligro) de la labor que los tres desempeñábamos, el tiempo se nos fue con velocidad.

Querían conocer a Oswaldo Payá. Querían conocer a mi padre y ofrecerse para ayudar.

❀ ❀ ❀

Mi padre era el hombre más generoso que conoceré. También el más feliz. Sé que cualquier hijo se siente en el derecho de alabar a su padre. Espero, no obstante, que en mi caso se me otorgue la posibilidad de hacerlo sin rubor.

Mi padre dedicó sus esfuerzos a asegurar oportunidades de felicidad para sus compatriotas. Muchos nos preguntan por nuestra niñez, por las dificultades de crecer en una familia marcada por el enfrentamiento a un régimen totalitario. Al explorar mi pasado puedo percatarme de los afanes de mis padres, en los tiempos de máxima escasez de mi infancia, porque no sintiéramos el rigor de la vida cotidiana. Y me doy cuenta de lo ignorante que vivía yo a esa realidad. Lo normal para mí era que hubiese solo un pan al día, de 80 gramos o algo así, por cada miembro de la casa. Lo normal eran aquellas condiciones imposibles, como de estado de guerra. Solo tengo recuerdos felices de esa época. Y recuerdos extraordinariamente hermosos de mis padres. En efecto, por ser hijos de *«contrarrevolucionarios»*, mis hermanos y yo vivíamos con una gran desventaja. Pero no me habría cambiado por ninguno de mis amigos o compañeros de clase. En su mayoría, esos compañeros y amigos pensaban como nosotros, pero debían mantener, de cara a la sociedad, otra postura resultado del miedo propio o del inculcado en sus casas. Generaciones y generaciones acostumbradas a que una cosa es lo que se piensa y se comparte en el hogar, y otra muy diferente lo que se proyecta en la escuela o en los centros de trabajo. Mis hermanos y yo, en cambio, teníamos padres que, sin presionarnos jamás a tomar una postura u otra, nos decían: *«Digan lo que quieran, después ya veremos».* Por ese privilegio de educarnos libres en medio de una sociedad que no lo es, les estaré siempre agradecida.

Cuando mi padre tenía diecisiete años fue enviado a cumplir el servicio militar en un campamento de castigo. Allí iban a parar los ciudadanos que por ser cristianos –fue su caso–, hippies, homosexuales o escritores, cualquiera con una expresión alternativa, aunque no fuese política, eran considerados una escoria social. El sufrimiento del que fue testigo allí, los amigos y las experiencias de esos tres años, marcaron el hombre que fue.

Siempre optimista y arriesgado, fundó un movimiento, el Movimiento Cristiano Liberación, que se basaba, y se basa, en los valores humanistas cristianos y que tiene como objetivo conducir al país hacia la democracia. Diseñó una solución pacífica y posible para todos los cubanos. Que hoy es la esperanza y la estrategia de muchos de los que trabajamos en pro de la democracia.

«La causa de los derechos humanos –insistía mi padre– es una sola, como una sola es la humanidad. Si hoy se habla de globalización, anunciamos y denunciamos que si no se globaliza la solidaridad, no sólo peligran los derechos humanos sino el derecho a seguir siendo humanos. Sin solidaridad humana tampoco conservaremos un mundo limpio donde siga siendo posible la vida para los seres humanos».

La visión profética de mi padre trasciende los límites del país. Él vio a tiempo la amenaza que representa el gobierno cubano para la democracia de toda la región latinoamericana. Vio también la estrategia del grupo en el poder en Cuba para preservar sus privilegios, su control y su dinero al coste que sea necesario. Una estrategia que mi padre desenmascaró y nombró *«cambio fraude»*. Manifiesta en las reformas de los últimos años que conceden algunos permisos o privilegios a algunos ciudadanos, pero no reconocen los derechos para todos. Reformas, que sirven de excusa a quienes, en nombre de sus intereses económicos, pretenden justificar el régimen totalitario de la Habana.

El poder creyó que necesitaba destruir a mi padre.

Mantuvo la difícil conjunción de ser el gestor de una posible salida democrática y de mantener una posición firme reveladora ante los represores y sus cómplices que pretendían y pretenden reciclarse en el poder. El hecho de que no solo su programa, el Movimiento Cristiano Liberación y la oposición en su conjunto, sino que también mi padre en sí mismo representara una alternativa política a la indecencia que se ha instalado en el poder en Cuba, son factores determinantes en la decisión de sus verdugos.

En tiempos en los que el gobierno cubano intenta consolidar su cambio-fraude y asegurarse con transformaciones que no dejan lugar a la participación ciudadana efectiva, la permanencia en el poder por varios años más, mi padre se les hizo imposible. ¡Qué consecuencias habría tenido por ejemplo el tener que lidiar con Oswaldo Payá viajando, recolectando apoyo internacional por el mundo o con una prohibición de salida que evidenciase el fraude de la reforma migratoria del 2013!

Vaclav Havel había muerto 4 meses antes. Mi padre y Aun San Shu Ky habían enviado vídeos de condolencia a su homenaje póstumo. Mi papá y el líder de la revolución de terciopelo se habían hecho amigos 10 años antes en Praga, en la segunda ocasión en que el gobierno cubano le había permitido salir de Cuba. Mantenían una correspondencia casi íntima, que habrá de publicarse. Enriquece el alma y abre al entendimiento sobre la realidad de lo perverso de los totalitarismos y sus soluciones lo que estos dos amigos tenían para decirse.

Havel, de manera casi exclusiva entre los políticos de su nivel, mantenía una posición firme y sincera ante el régimen de La Habana. No creo que sea coincidencia que el gobierno cubano solo haya atentado definitivamente contra la vida de mi padre luego de la muerte del expresidente checo. Algo sé con seguridad: los represores cubanos no habrían dado la orden del atentado si desde los centros de poder demócratas del mundo, tanto en Europa como en América, no hubiesen estado mirando hacia otro lado.

Como al pueblo cubano, a mi padre lo dejaron solo.

«Los derechos no tienen color político, ni de raza, ni de cultura. Tampoco las dictaduras tienen color político. No son de derecha ni de izquierda, son sólo dictaduras.» Les había recordado Oswaldo Payá, desde el pleno del Parlamento Europeo, casi diez años atrás. Cuando fue reconocido por esa casa con el premio Andrei Sajarov a la libertad de pensamiento.

❊ ❊ ❊

Junto a mi padre, murió Harold Cepero, un hombre libre, naturalmente libre. Un muchacho que no tenía nada material que quisiese tanto como para no deshacerse de ello si otro lo necesitase. Sus verdugos no saben, no pueden ni imaginar el daño que hicieron a nuestra sociedad al privarnos a todos de la presencia de Harold.

Un chico tan espontáneamente valiente, que llevó el Proyecto Varela a su clase en la facultad de Veterinaria, a sabiendas del peligro que eso comportaba. Entendía que todos debían tener la oportunidad de tomar la acción por sus propios derechos. Fue sacado a empujones de los muros de la Universidad. Fue repudiado por sus compañeros, que fingían por miedo a correr la misma suerte. Harold los perdonó a todos. Incluso a quienes nunca fueron después escondidos, a justificarse y pedirle disculpas por su cobardía. Se convirtió sin esfuerzo en el mejor discípulo de mi padre. En el líder joven más importante y prometedor de nuestro movimiento. A personas como él se refirió mi padre cuando dijo:

«La primera victoria que podemos proclamar es que no tenemos odio en el corazón. Por eso decimos a quien nos persigue y a los que tratan de dominarnos: Tú eres mi hermano, yo no te odio, pero ya no me vas a dominar por el miedo, no quiero imponer mi verdad, ni que me impongas la tuya, vamos juntos a buscar la verdad. Ésa es la liberación que estamos proclamando.»

❉ ❉ ❉

En mi país hemos sufrido el peso del mito creado por la mega-operación de inteligencia de exportación de la llamada Revolución Cubana. A través del marketing hemos visto a asesinos como el Ché Guevara convertirse en ídolos de la juventud mundial. Jóvenes ingenuamente instrumentalizados por la propaganda de un régimen totalitario. Una América Latina que sufrió dictaduras militares identificadas con la derecha donde las mentiras del mito revolucionario cubano engendraron una especie de amor platónico, que critica el imperialismo pero no a los dictadores fósiles de la Habana. Mientras, los cubanos tenemos que vivir soportando que muchos en el mundo libre aún piensen que mi país es la Tierra de la Libertad cuando hace más de 60 años que los cubanos no participan en elecciones libres y plurales.

Poco se conoce lo eufemístico de la educación y la salud gratuitas y de calidad, si supuestamente son la razón de los ridículos salarios de los trabajadores. El nivel de estos servicios ha bajado de manera alarmante y la corrupción crece en ambos sectores. Los maestros profesionales han abandonado las aulas en busca de mejores condiciones de vida. La mayor parte de los hospitales se encuentran en franco deterioro, escasean los medicamentos y los médicos, en parte por las malas condiciones de trabajo y en parte porque el gobierno los exporta y explota masivamente como si fuesen mercancía, mientras los que quedan en la isla no dan abasto.

Otra realidad apenas conocida es la de la miseria. La metáfora de la erradicación del hambre no resiste las matemáticas de un profesional que gana menos de un dólar al día y una botella de aceite para cocinar que cuesta dos dólares. Pero cincuenta y cinco años de totalitarismo despojan hasta del derecho a decir que se es pobre. Porque en la llamada «*Isla de la Libertad*» se pueden obtener algunos permisos pero no están garantizados los derechos. Todos los medios de comunicación los controla el gobierno; el acceso a Internet no es un derecho. Los cubanos que viven fuera del país, sean exiliados o emigrados, son todos desterrados porque no se reconocen ni sus mutilados derechos ciudadanos cubanos y viven con miedo a que el gobierno les niegue la entrada y no puedan asistir, por ejemplo, al funeral de sus madres. Hecho éste que, muchos podrán acreditarlo, no es solo una frase.

Los cubanos están cansados. Los cubanos quieren cambios. Hace más de diez años más de veinticinco mil cubanos propusieron una iniciativa legal, llamada Proyecto Varela, para que se realice un plebiscito y se pregunte al pueblo si quiere cambios en las leyes que garanticen la libertad de expresión, la libertad de asociación, la libertad para los prisioneros políticos pacíficos, la empresa privada y las elecciones libres. La constitución cubana establece que si más de diez mil personas apoyan una propuesta legal, entonces la Asamblea Nacional (el parlamento) está en la obligación de responder. Durante más de once años el gobierno de los hermanos Castro ha violado su propia constitución y la Declaración Universal de Derechos Humanos, en su esfuerzo por impedir la ejecución del plebiscito. Mientras, muchos ciudadanos, rompiendo la cultura del miedo y tomando los riegos de la represión de la seguridad del estado, han puesto su nombre, su dirección y su número de identidad en una propuesta legal y le han dicho a los represores: queremos cambios reales.

La urgencia de la solidaridad que precisa el pueblo cubano no responde solo a la necesidad de libertad y derechos de las personas en la Isla. La libertad apremia porque consideramos que el totalitarismo dinástico que mantiene el grupo en el poder en Cuba es una amenaza para las democracias de toda la región.

Un desproporcionado Ministerio de Relaciones Exteriores Cubano se encarga de fomentar *«movimientos de solidaridad con la Revolución»* en todo el planeta, y crear redes de espionaje como la Red Avispa en Estados Unidos, y la infiltración de inteligencia que, al parecer, ya controla gestiones públicas en Venezuela y otros países del ALBA. Mientras, el grupo en el poder siembra empresas familiares por el mundo y coloca parientes en el Banco Mundial.

La injerencia del gobierno cubano en los asuntos internos de Venezuela, por citar sólo un ejemplo, ha sido determinante en la depauperación de la democracia y la economía de ese país. He aquí dos gobiernos que no son legítimos, porque lo que ocurrió en abril del 2013 en la tierra de Bolívar está muy lejos de ser un proceso transparente y justo. En Cuba hace sesenta y cinco años que no se realizan elecciones libres.

La alta clase política no parece ver el peligro de que en el nuevo orden regional, las fuerzas predominantes no sean democráticas, como pone de manifiesto la CELAC. Apenas se oyen críticas sobre los autoritarismos nacientes en Bolivia o Nicaragua, todos debidamente aconsejados por el gobierno cubano.

Algunos países latinoamericanos a la vuelta de diez años presentan sociedades divididas en torno a gobiernos populistas cuyo denominador común es el intento de perpetuarse en el poder y su cercanía al grupo en el poder en Cuba.

En cuanto a este último, después de no pocos intentos, ha terminado por desechar la opción de toma violenta del poder en la región mediante las guerrillas y el terrorismo. Los fenómenos populistas, en ocasiones gestionando algunas medidas necesarias dirigidas especialmente a las clases más pobres, han tomado ventaja de la corrupción de los gobiernos anteriores que poco hicieron por eliminar la inequidad, la pobreza, la criminalidad o por mejorar el acceso a la salud y la educación. Populismos que en su mayoría presentan niveles similares de corrupción y terminan coartando libertades fundamentales que van desde el irrespeto a la empresa privada hasta el control desmedido sobre los medios de comunicación.

Mi padre creía que América Latina no tiene que debatirse entre el neoliberalismo capitalista salvaje caracterizado en un tiempo por el entreguismo a los Estados Unidos y el populismo con matices totalitarios influidos por el régimen de la Habana.

Ése no tiene por qué ser el futuro de nuestra región.

❊ ❊ ❊

La violencia contra la oposición en su conjunto y contra los miembros del MCL en particular ha aumentado considerablemente en los últimos años. Aumentó aún más después de la muerte de mi padre.

Era la seguridad del estado quien amenazaba de muerte a mi padre y quien lo vigilaba, según ellos mismos confesaron en una de sus páginas de Twitter el mismo día que sufrió el atentado que terminó con su vida. No obstante, el gobierno español valida la versión de accidente de tránsito que da el mismo gobierno que amenazaba de muerte a mi padre, mientras en Naciones Unidas la misión cubana rechaza abiertamente las recomendaciones de países democráticos de permitir una investigación sobre la muerte de Oswaldo Payá y de tomar medidas para garantizar los derechos de todos los cubanos. Es la seguridad del estado quien después del atentado comenzó a intimidar a mi familia; a perseguir a mi hermano mayor en autos de la misma marca de los que sabemos, estaban persiguiendo a mi padre el día del atentado; a llamar preguntando por mí a las cuatro de la mañana y aterrorizando a toda la familia y en especial a mi abuela.

Fueron sus agentes los que llamaron a casa de mi familia un día después de mi intervención en el consejo de Derechos Humanos de Naciones Unidas en Ginebra para decir: «*Hija de puta, te vamos a matar*».

Fue el gobierno cubano quien dio la orden de que se publicara la cantidad de años que pasaremos mi madre y yo en prisión por supuesta difamación.

Hoy intentamos movilizar a la comunidad internacional para que se realice una investigación independiente del gobierno cubano, que aclare las circunstancias en las que murieron Harold Cepero y Oswaldo Payá.

Sabemos que los represores no cederán a menos que la presión sea máxima, pero hay suficiente evidencia fuera de Cuba como para comenzar un proceso.

El testimonio en este libro forma parte de ella.

Es hora de que el régimen de la Habana comience a recibir consecuencias internacionales por los atropellos que comete. Ésta es una manera de proteger las vidas de los defensores de los derechos humanos dentro de la isla y de detener la impunidad con que, hasta ahora, se manejan los cuerpos represivos de la seguridad del estado en el país. Personas que continúan trabajando por una transición verdadera, muchos con la estrategia que mi padre ayudó a diseñar.

      ❆   ❆   ❆

Aquel domingo, yo había planeado irme con ellos. Llegué tan tarde esa madrugada a casa, que no me atreví a pedirles que esperaran por mí. De haber viajado en aquel Hyundai alquilado, también hubiera muerto aquel mediodía a manos de quienes perpetraron el atentado.

Despedí a mi padre y a Harold. Faltaba poco para las seis de la mañana. Mi padre me dio un beso como quien espera verte en breve, atravesó la sala y salió. Harold hizo lo mismo; me dio tiempo a tomarlo por el hombro desde la puerta y recordarle que tuvieran cuidado. Contestó volteándose con esa permanente y tranquilizadora sonrisa suya. Fue la última vez que lo vi. Esa sonrisa amplia de Harold, casi nostálgica, de quien parece comprenderlo todo, incluso lo que aún no le has dicho, y que te perdona por no decirlo. La sonrisa de mi amigo Harold Cepero me acompañará el resto de mis días.

Había sido una buena semana de Julio. Unos días atrás asistimos en familia a la graduación de mi hermano Oswaldito. Mis padres estaban orgullosos. Respirábamos cierta euforia, la que antecede a cosas buenas por pasar, a planes que acariciábamos y aún tenemos para nuestra patria.

La vigilancia era muy intensa aquellos días. Había necesitado alguna documentación y había vuelto por mi vieja Facultad de Física, en la Universidad de La Habana. Al salir, reconocí a unos metros el Volkswagen de mi padre. Su trabajo quedaba a pocas calles de distancia, así que me alegré de encontrarlo y no tener que seguir caminando por El Vedado hasta la escuela de idiomas, donde estudiaba alemán.

Mi padre no sonreía cuando se acercó a la acera y detuvo el auto para recogerme. Su rostro estaba tenso. Me ordenó que subiera pronto y no mirara hacia atrás. Nos seguían varias motocicletas de la seguridad del estado. Recuerdo al menos dos, cada una con dos hombres. El de delante conducía; los de atrás tenían *walkie-talkies* en las manos, y parecían estarse comunicando todo el tiempo.

No estaba asustada, solo quería tomarles fotos con mi viejo teléfono móvil. Mi padre me regañaba cada vez que giraba para mirarlos. Llevaban un rato siguiéndolo y ahora él solo me llevaba hasta la escuela de idiomas Abraham Lincoln.

Cuando mi padre me recogió de allí media hora más tarde, aún nos perseguían con total ostentación de su impunidad. Lo estuvieron haciendo durante el resto del día.

Yo recordaba cómo, un mes y medio antes, mis padres sufrieron un inexplicable accidente en el que por poco pierden la vida. En esa ocasión todo sucedió tan rápido que ni tan siquiera pudieron ver al auto que les impactó de improviso por el costado trasero y les hizo volcarse en la calzada más importante de Cuba. ¿Fue un aviso o un intento?

❀ ❀ ❀

Desde el primer mensaje de texto que recibimos el 22 de Julio desde España, sospechamos que lo ocurrido no había sido un accidente. Horas después, luego de muchos intentos, un policía respondió al teléfono de mi padre y se lo pasó a una médico forense que, fuera de todo protocolo legal, había llegado a la escena el crimen en la ambulancia, donde más de dos horas después increíblemente el cuerpo de mi padre aún permanecía en la carretera.

En el juicio celebrado meses más tarde, nadie preguntó quién era ni qué hacía ese médico forense en una ambulancia donde se supone que sólo viajan médicos especializados en emergencias.

La información que nos llegaba reafirmaba nuestra convicción de que mi padre y Harold habían sido asesinados. Supimos que Ángel pudo hablar con un amigo desde el teléfono del cónsul español, en una de las escasas oportunidades que la seguridad del estado lo permitió. Pablo preguntaba al otro lado del Atlántico y Ángel respondía con monosílabos, ante el cónsul y ante el oficial de la seguridad del estado. A la pregunta de si había sido un accidente, Ángel respondió que no.

Conocemos, en número y en intensidad, la crueldad de dictaduras como la de Videla o Pinochet. Lo hemos escuchado de las voces de las propias víctimas. Se han abierto procesos de investigación, porque ha habido tribunales de la verdad o del perdón.

En mi patria, a la vuelta de cincuenta y cinco años, eso aún no ha sucedido.

Y estamos ante el mismo grupo de personas responsables por el fusilamiento de miles de cubanos en los años sesenta. Los mismos que llenaron el país con campamentos de castigo a donde iba a parar todo el que tuviera una expresión distinta a la oficial, aunque ni siquiera fuese una expresión política.

Aún no se han contado los jóvenes que perdieron sus vidas en esos servicios militares forzados o cuyas vidas quedaron destruidas para siempre. Falta por calcular el número de víctimas de la injerencia geopolítica de los represores de La Habana, que pusieron a los cubanos como carne de cañón en Angola o Etiopía, mientras la URSS ponía los recursos.

No se ha hecho el recuento de los muertos en las cárceles cubanas por las malas condiciones y los maltratos. No hablo solamente de los prisioneros políticos, por supuesto, sino de las decenas de miles de prisioneros actuales, de cualquier clase, y los centenares de miles que han pasado por las cárceles cubanas, en un país donde para ganarse el pan de cada día es condición necesaria violar la ley en la abrumadora mayoría de los casos.

Ésta es probablemente la primera vez que el crimen de la dictadura cubana tiene un testigo con el valor de enfrentarla.

Lo que están por leer, es el testimonio de un joven que puede ser tu hijo, tu novio, tu hermano. Un joven que no sabía que podía terminar viviendo una pesadilla.

Los consejos que le fueron dados antes de viajar a Cuba, la variedad de opiniones (desde las ideológicamente sesgadas hasta las más prudentes) se quedaron cortas ante lo sucedido. Nadie imagina que el Mal te pueda tocar tan de cerca.

Insisto: el horror de la dictadura cubana, el recuento de las víctimas, aún no ha sido hecho. Aún no se ha construido el museo de la memoria de las víctimas de la Revolución Cubana.

❋ ❋ ❋

Sabemos hoy que el joven sueco, Jens Aron Modig, salió de Cuba con un pacto de silencio en el que participaron el servicio de Acción Exterior del Parlamento Europeo y el Ministerio de Exteriores Sueco. Modig se mantiene alegando que nada recuerda.

Sin embargo, la noche del atentado, cuando encontró a Ángel en el hospital, le dio los móviles de mi amigo Harold Cepero. La única explicación posible para ello es que Harold o mi padre se lo hubiesen entregado, después de que la Seguridad del Estado los impactara por detrás, para que no cayesen en manos de los agentes. Cuando fui a verle a Estocolmo, me confesó que nunca habían chocado contra ningún árbol, como afirma el gobierno cubano. No se atreve, en cambio, a contar más, a decir la verdad de lo que sabe y recuerda. Continúa con esa especie de discurso esquizoide que nadie cree y que nadie más que él puede romper.

Sin embargo, Ángel ha sufrido en su piel el poder a veces intangible del gobierno cubano, que se resiste a ser desenmascarado. Vivió el terror de ser prisionero de la dictadura, el descrédito en su propia tierra, donde recibió presiones hasta del gobierno de su propio partido para que permaneciera en silencio.

En España, el país que debió acogerlo y protegerlo, se desarrolló la peor campaña en su contra, mintiendo y manipulando hasta el menor detalle, quién sabe si por el mandato mafioso de La Habana, que durante décadas ha infiltrado a sus agentes en diversas organizaciones y gobiernos, incluidos las de países desarrollados europeos y el de los Estados Unidos.

Carromero es una víctima, como víctimas son los asesinados por ETA, por las FARC o por los paramilitares; ha hablado no tardíamente, sino tan pronto tuvo la oportunidad.

Sin embargo el gobierno de Mariano Rajoy, que supo desde el principio la realidad del atentado y la inocencia del dirigente de las juventudes de su propio partido en Madrid, mantiene condenado al autor de este libro, aun cuando mi familia ha pedido su indulto. Esta incoherencia sigue sin ser corregida, a expensas del sufrimiento de Ángel Carromero. El gobierno español aún está a tiempo de hacer lo correcto.

Ante el valor de este joven español, mi profundo agradecimiento. Sirva pues este testimonio para confirmar la verdad. Una verdad que compromete y ante la que es imposible quedar indiferente.

He leído estas memorias de Ángel Carromero con estremecimiento.

Nosotros nunca superaremos la ausencia de mi padre.

Oswaldo Payá fue un hombre que nos enseñó a no ser cómplices de la «*cultura del miedo*» sin la cual sería imposible definir el castrismo. Nos animó a resistirnos a esa indolencia indigna hasta lo insultante que corroe a generaciones y generaciones de cubanos, dentro y fuera de la Isla.

La liberación que propuso mi padre, mediante la vía legal y durante ese evangelio doméstico que él legó a cuantos lo conocieron, siguen siendo una manera pacífica de sanar de raíz nuestra nación.

Mientras exista la policía política cubana, difícilmente un cubano pueda sentirse a salvo en libertad. La Seguridad del Estado castrista, creada a imagen y semejanza de la genocida KGB soviética y la Stasi alemana, actúa como una sombra en el tiempo. Lo aprovecha y pervierte todo a su favor, tentando a los hombres en sus peores vicios y explotando hasta la saciedad sus debilidades de seres mortales.

De manera que sólo nos queda el poder de una vida en la Verdad, de la palabra pronunciada sin pánico, de la fe que permite perseverar y generar una esperanza realista en medio de la maldad y el dolor. Es el poder de quienes no tienen poder. De quienes lo han entregado todo por el Bien de su prójimo. Incluso la vida. Como mi querido amigo Harold Cepero, como mi papá Oswaldo Payá.

—Rosa María Payá Acevedo

8 de febrero de 2014

Ah, el orden de los actos ya está fijado,
y el término del viaje es inevitable…

«Hamlet»,
BORIS PASTERNAK

1

Bienvenidos a Cuba

A mi espalda, un militar cubano cerró la puerta de la celda. Me quedé solo, paralizado, sin mover un solo músculo. Miraba hacia los rincones, costaba descubrir dónde estaba confinado. Húmedo y caliente, el aire impedía respirar con normalidad. Sin darme cuenta, estaba llorando. No entendía qué había pasado. No entendía qué estaba pasando. Y no sabía qué iba a pasar.

Desconozco cuánto tiempo transcurrió hasta que pude ver, por fin, las paredes de hormigón reverdecidas por el moho y la pequeña ventana de barrotes torcidos que daba directamente a la maleza. Había saltamontes, cucarachas y babosas en el suelo, las paredes, y el techo. Un olor nauseabundo dominaba el espacio rectangular y estrecho de aquella superficie de escasos ocho metros cuadrados. Dos catres junto a la pared, y una vieja taza de váter sin cisterna era todo lo que había. Un agujero en el techo permitía que cayera agua e hiciera las veces de ducha.

Me dolía la cabeza y estaba ausente, desorientado. Recordaba que me habían sedado usando una vía intravenosa y aún tenía la marca en la mano. Era evidente que seguía bajo los efectos del medicamento. Atontado, me senté en uno de los catres. El tablón que hacía de colchón se curvó, no aguantó mi peso. Parecía una hamaca. De pronto, sin razón aparente, dejé de llorar. Ignoro cuánto pasé paralizado por el miedo, sin atreverme a decir o hacer nada. Solo cuando se fueron atenuando los efectos del sedante comencé a recobrar la capacidad de razonar.

No tenía reloj. Supuse que había caído la noche: del otro lado de la ventana se extendía una absoluta y profunda oscuridad. Solo estaban encendidos los tubos de neón, que, como más adelante comprobaría, nunca se apagaban.

Bañado en sudor, el polo de manga corta se pegaba tanto a la piel que costó quitármelo. Tenía la boca seca. Busqué por toda la celda un grifo que no existía. Recordé entonces que cuando me encerraron, llevaba una bolsa de plástico que me había dado, en el hospital, la hermana de la Cónsul Emérita de Santiago de Cuba. La había dejado en una esquina, casi sin saber lo que hacía. Encontré dos rollos de papel higiénico, una cuchilla de afeitar, una toalla, una pastilla de jabón y un litro de zumo. Bebí solo un poco de zumo, por temor a que se acabara. Volví a la cama y me tumbé. El sedante volvió a hacer efecto. Caí dormido.

Al despertar, comencé a entender qué hacía allí, qué había pasado y, lo más perturbador, lo que estaba por pasarme. Algo, una sombría indefensión, me decía que nunca volvería a casa. Creí entonces vivir mis últimos momentos. Surgidos de lo más profundo, sin que me lo hubiera propuesto, los recuerdos empezaron a emerger con la nitidez propia de las situaciones límites. Perdido en una ciudad remota de una isla, totalmente indefenso, mi vida parecía llegar a su fin.

* * *

Eran las siete de la mañana y si no me apresuraba, perdería el autobús que debía llevarme al trabajo. Entonces era consejero político de un distrito de Madrid. Corrí calle abajo hasta que llegué a la marquesina de la parada donde ya subía el último pasajero.

Saludé al conductor y me senté en uno de los asientos libres del final. Saqué el móvil, como cada mañana, y consulté las noticias. Así, medio dormido, me encantaba leer la prensa a primera hora. Siempre, desde muy joven, me había gustado hacerlo; me detenía en las secciones de política y de economía. No era típico, lo reconozco, que esa lectura me apasionara más que los deportes o que la programación de la televisión.

Desde los dieciséis años sentía una gran pasión por la política. De hecho, nada más cumplir esa edad, me uní al *Partido Popular* en una de sus sedes situada al lado de mi colegio. Nadie de mi familia había militado en ningún partido político. Algo debió de influir el hecho de estudiar en el *Colegio Nuestra Señora del Pilar*, célebre en Madrid por su calidad y por haber sido el lugar de estudio de muchos políticos de todas las ideologías, entre los cuales se podría destacar a José María Aznar y Alfredo Pérez Rubalcaba.

Cuando decidí afiliarme, ni mis amigos ni mis padres se llevaron una sorpresa. En aquella época España salía de una grave crisis económica y florecía el llamado «*milagro económico español*». Entre los jóvenes existía un sentimiento de compromiso con el país. Yo estaba entre ellos. Además, siempre me había gustado discutir de política, sobre todo con aquellos que no compartían mis ideas. Lo encontraba interesante, atractivo, estimulante, un excelente ejercicio de dialéctica.

A la hora de la comida, fui a un restaurante cercano. Siempre que comía solo, aprovechaba para hacer cosas, así que me puse a hacer llamadas. Tenía que preparar la asistencia de los jóvenes militantes del *Partido Popular* a una Convención programada para el mes siguiente en Vigo. Yo era el presidente de *Nuevas Generaciones* en el distrito de Salamanca, y vicesecretario general de Madrid. Dos responsabilidades que ocupaban la mayoría de mi tiempo libre.

Organizar escuelas de formación y conferencias de políticos, periodistas o ideólogos eran algunas de mis actividades favoritas. Dos años atrás, en 2010, participamos en una serie de coloquios en los que, entre otros, se trató el tema cubano. Contamos con la presencia de dieciséis de los veinte ex presos políticos llegados a España después de haber sido deportados por el Régimen castrista. Ellos formaron parte de los setenta y cinco disidentes encarcelados durante la represión de 2003 conocida como la «*Primavera Negra de Cuba*» que dejó a casi toda la oposición en la cárcel.

Además tuvimos los testimonios de periodistas y jóvenes políticos que habían decidido arriesgarse a viajar a Cuba para ayudar a miembros de diferentes plataformas que luchaban contra la dictadura. Querían, como es justo, conseguir libertad y derechos fundamentales para su pueblo. A los asistentes nos impresionaron las experiencias vividas por aquellos cubanos obligados al exilio. A partir de ese instante, aumentó en mí el compromiso por su causa.

Mis días trascurrían «*conectado*» las veinticuatro horas. Justo antes de cenar recibí un último e-mail, de uno de los mejores amigos que he tenido en política. Siempre solían ser con alguna tarea nueva pero en esta ocasión, parecía algo de mayor envergadura. Me hablaba sobre la posibilidad de ir a Cuba, de apoyar a la disidencia. Él ya había realizado ese viaje y al regreso había contado los detalles. Me había hablado de las persecuciones, de la represión a todo el que piensa diferente a la «*Revolución*», del confinamiento en cárceles. En su viaje, mi compañero se había reunido con diferentes opositores, y entre ellos, destacaba la figura de Oswaldo Payá. Las reuniones ocurrían de manera casi clandestina, sin la libertad que habría en cualquier otro país para hablar con quien se quisiera, sin ser vigilado.

Desde el triunfo de 1959, Cuba vive un totalitarismo fanático en el que se enseña a la población a denunciar el primer vestigio de pensamiento libre. Los llamados *Comités de Defensa de la Revolución* (CDR), creados en septiembre de 1960 por Fidel Castro bajo el lema: «*Vamos a establecer un sistema de vigilancia revolucionaria colectiva*», han tenido como objetivo hasta hoy, la vigilancia civil, que eleva el murmullo y el cotilleo a niveles de calumnia política, haciendo de la vida cotidiana de cada cubano un auténtico «*Gran Hermano*». Hay uno en cada calle y se supone que todos los cubanos están integrados en ellos. Sin precedentes en los antiguos países comunistas del este de Europa, los CDR han constituido un medio de persecución e intimidación para todos aquellos que se consideran «*enemigos políticos*» del castrismo. Así me lo habían relatado y, por desgracia, tuve la ocasión de comprobarlo.

Contesté de inmediato al e-mail. Y la respuesta fue un «sí» rotundo. Por supuesto, quería ir. Naturalmente, sopesé los riesgos de semejante empresa. Algunas personas en mi caso, con la vida completamente planificada, no lo habrían aceptado. No obstante, algo dentro de mí deseaba realizar ese viaje, comprobar yo mismo los caminos del totalitarismo. Quería vivir en primera persona lo que realmente sucedía en Cuba, más allá del bienestar de los resorts turísticos. Quería conocer a quienes resistían heroicamente la presión de la dictadura y sus fuerzas policiales. Quería, en definitiva, involucrarme en la buena causa, de aquellos cubanos que sueñan con la libertad y la democracia para su isla.

Me fui a dormir pensando en todo esto y sin darme cuenta ya había llegado la mañana siguiente. Cuando de nuevo sonó el despertador, pareció iniciarse la misma rutina de cada día. No podía saber que ahora la rutina tenía solo un viso de apariencia. Se estaba formando una tormenta que nadie podría predecir.

En el trabajo, leí el e-mail de respuesta a mi disposición de viajar a Cuba. Me ponían en contacto con la persona encargada de organizar el viaje: una mujer responsable de proyectos de una ONG sueca. Contesté de inmediato a la dirección electrónica que me indicaban, me presenté, y me puse a su disposición para reunirnos cuando ella pudiera.

Mi emoción llegó a tales extremos, que no pude resistir y llamé a mis amigos más próximos. Los puse al corriente de lo que iba a hacer. Es casi innecesario subrayarlo: la relación entre Cuba y España ha sido, siempre, extraordinariamente intensa. Cuba despierta pasiones en España y resulta un tema sensible y candente. Algunos están a favor del Régimen; otros, cada vez más, definitivamente en contra. Cuba y el castrismo son algo a lo que nadie, por razones ideológicas, humanitarias y casi familiares, permanece indiferente. De modo que obtuve opiniones de lo más variopintas. Desde los que me animaban a hacerlo, hasta los que me avisaban de los riesgos y preferían que otro ocupara mi lugar.

La prensa internacional daba constantes noticias de la delicada situación que padecían los opositores en la isla; el invariable hostigamiento a las *Damas de Blanco*, a pesar del reconocimiento creciente a su labor por organizaciones democráticas del mundo entero; el desprestigio a cualquier otra forma de manifestación libre; y, sobre todo, la muerte del opositor Orlando Zapata Tamayo, había sido un conmovedor titular que había dado la vuelta al mundo.

Mi decisión, en cualquier caso, estaba tomada. ¿Quién me iba a decir que teniendo una vida ordenada, y sin sobresaltos, vería cómo el destino la pondría patas arriba? Quizá también esto influyera en mi disposición. Quería hacer algo provechoso por los demás, ayudar a quienes lo necesitaban y veía aquí una puerta abierta para mi realización, mi crecimiento como persona e incluso, ¿por qué no?, como un equipaje más para mi bagaje político.

Así que pocos días después, me reuní con la responsable de la ONG. Quedamos en un lugar de la calle Génova de Madrid. Cayetana era una joven hispano-sueca, morena, muy seria, que me transmitió seguridad por su clara exposición de los detalles del viaje. Supe que estaba frente a una persona competente y en buenas manos.

Explicó cómo trabaja su organización. Me habló de otros viajes realizados. Jóvenes suecos y españoles habían visitado Cuba para colaborar con el *Movimiento Cristiano Liberación* que dirigía Oswaldo Payá; una organización que intentaba propiciar cambios democráticos, rigurosamente pacíficos, que condujeran a celebrar elecciones libres en la isla. Entre otros reconocimientos internacionales, Payá había obtenido el *Premio Sajarov*, otorgado por el *Parlamento Europeo*. Su logro más visible había sido el llamado *Proyecto Varela*, que amparado en la Constitución vigente, consiguió que más de 25.000 cubanos se arriesgaran a firmar una solicitud, donde se exigía un referendo para poder transformar las leyes y se respetarán los derechos humanos fundamentales. Según *Philip Peters*, experto en Cuba del *Lexington Institut*, «*Nadie había hecho nada semejante, ni antes ni después*»

La constitución cubana de 1976, en su artículo 88 (g) permite a los ciudadanos ejercer iniciativas de ley, siempre que sean propuestas por más de 10.000 ciudadanos con condición de electores.

La reacción del gobierno no se hizo esperar.

En lugar de realizar el plebiscito que exigían los ciudadanos, movilizó a la población y le hizo firmar una reforma constitucional donde se declaraba *«irrevocable el socialismo»*. Lo que era, en puridad, un modo de consagrar los principios del caciquismo castrista. Posteriormente sentenció a largas condenas en prisión a todos los líderes del proyecto.

Durante la reunión, Cayetana me informó de que iría acompañado por Aron Modig, presidente de la organización juvenil de uno de los partidos que sustentaban el Gobierno sueco. Modig viajaría por segunda vez a la isla y, como no sabía español, yo tendría que asumir, además, el papel de intérprete. Me pareció perfecto. Quedamos en concretar las fechas del viaje, puesto que tenía que coincidir con mis vacaciones laborales.

Los siguientes días los dediqué a reflexionar. Hice preparativos, cerré las fechas de mis vacaciones. Dispuse la segunda quincena de julio para poder viajar a Cuba. Por e-mail contesté a Cayetana, para que consultara con Aron Modig.

Pocos días más tarde teníamos cerrados los billetes. Saldríamos de Madrid el jueves diecinueve de julio. Tres días antes nos reuniríamos para cerrar los detalles pendientes. Me sentí muy ilusionado.

A través de Facebook me puse en contacto con Aron. Pensé que de este modo sería más cómodo conocernos en lugar de hacerlo en el aeropuerto. Intercambiamos números de teléfono y, entre otras cosas, nos dimos cuenta de que teníamos una amiga en común, María, vicepresidenta del YEPP, organización juvenil de nuestros partidos a nivel europeo. La llamé. Tan dispuesta como siempre, me propuso organizar una cena el día previo a nuestra salida.

Aunque la fecha del viaje se aproximaba, continué con mi actividad rutinaria. Solo que la cotidianidad a veces reserva sorpresivos secretos, como se verá a continuación.

Cada año se celebraba una escuela de formación de la fundación FAES, organizada por el expresidente de España, José María Aznar. Entre los participantes de esa edición, destacaban ministros y personalidades de mi Partido, así como el Presidente del Gobierno Mariano Rajoy.

En uno de los descansos de las conferencias, le pedí una foto al presidente Aznar, que se encontraba con María Dolores de Cospedal, secretaria general del *Partido Popular*. El destino quiso que me situaran en medio de los dos y que la foto se tomara con mi teléfono móvil. Fue una foto inocente, como cualquier otra instantánea que un militante de su partido se hace junto a sus líderes políticos. Ignoraba cuántos quebraderos de cabeza iba a ocasionarme en el futuro inmediato esa instantánea.

A una de estas jornadas asistió también la Presidenta de la Comunidad y del Partido Popular de Madrid, Esperanza Aguirre. Además de ser mi presidenta directa, desde mi juventud Aguirre había sido mi referente ideológico. Nunca olvidaré cuando a mis diecisiete años participé en su primera campaña electoral, para mí una decisiva experiencia política.

Durante la comida que compartió con otros políticos madrileños, aproveché la situación y le pedí una cita, a la que amablemente accedió. Nos reuniríamos un par de días después. Quería contarle que realizaría el viaje. Sabía que algunas personas del partido conocían ya este asunto, pero yo quería que la Presidenta Aguirre se enterara directamente por mí.

Como el destino es a veces caprichoso, para bien o para mal, la reunión se pospuso y nunca llegué a contar mis planes a la Presidenta.

Tres o cuatro días antes de la salida, nos volvimos a reunir con Cayetana. En esta ocasión, apareció también Carlos Payá, el hermano de Oswaldo, un hombre grande, fornido, moreno, simpático y afable de trato, como la mayoría de cubanos que he conocido. Con todo, al hablar de Cuba y de Oswaldo, sus ojos reflejaban un destello de tristeza, emoción y esperanza.

Me narró experiencias de otras personas, de su exilio, del trabajo que realizaba el *Movimiento Cristiano Liberación*. Solo me pidió que entregara a Cáritas de Cuba unos medicamentos contra el cáncer. Accedí encantando.

Cayetana me dio los billetes de avión, la reserva del hotel en el que nos alojaríamos, un mapa de la isla, así como fondos que debíamos entregar a Oswaldo Payá, para proyectos benéficos: no es un secreto que en Cuba la mayor parte del pueblo vive con sueldos extremadamente bajos, la mayoría de las personas no tienen cubiertas las necesidades básicas; los que disienten son expulsados de trabajo, a ellas y a sus familias se les condena a la peor miseria. También me dio un teléfono móvil con los números de Oswaldo, de su hermano, y el suyo propio, grabados con nombres en clave. En Cuba, como en las pesadillas de George Orwell, las comunicaciones están controladas, de manera que cualquier precaución es poca, y, por seguridad, debía utilizar ese teléfono para contactar con Oswaldo.

Me pidió por último que alquilara un vehículo: en la isla es casi imposible desplazarse, ya no solo por las dificultades materiales, sino además por el seguimiento y hostigamiento al que el Régimen somete a los disidentes.

Antes de despedirnos, le pregunté qué podría suceder si algo salía mal. Me contestó que, si se descubría mi propósito, como era extranjero, en el peor de los casos, podía ser que me detuvieran y de inmediato expulsaran de la isla, como había sucedido en múltiples ocasiones con visitantes incómodos, fotógrafos y periodistas sin autorización ni acreditación ante las autoridades cubanas.

En casa, a través de Internet, localicé un *rent-a-car* que permitía hacer reservas online. Reservé un coche; di los datos de mi tarjeta de crédito. Aproveché para navegar para conocer más detalles del viaje y de las cosas que podría encontrarme allí. También llamé a María para saber si había organizado ya la cena en la que conocería personalmente a Aron. Así era. Además vendrían unos amigos en común de María y Aron. Estaba tranquilo y optimista. Al parecer, las cosas iban saliendo bien.

El miércoles, víspera del viaje, llegó casi de improviso. Aún no había empezado a hacer la maleta cuando recibí un correo electrónico que me daba la primera mala noticia: la empresa en la que había alquilado el coche me comunicaba la anulación de la reserva. Alegaban que ¡había huelga de taxis en Cuba! Quedé sorprendido. Todo el mundo sabe que en Cuba nadie tiene la posibilidad de discrepar, mucho menos que los trabajadores tengan derecho a huelga, puesto que hay un solo sindicato y pertenece al propio Partido Comunista. Como era de esperar, tuve un mal presentimiento.

Cerca de las nueve de la noche, me dirigí al restaurante donde habíamos quedado María, Aron y los dos amigos suecos con los que éste había estudiado en Gotemburgo.

Nos presentamos y nos sentamos en la mesa para cenar. Aron era un auténtico nórdico, rubio, alto y de facciones marcadas. Muy reservado, apenas habló durante la cena. El grueso de la conversación lo llevamos el resto. Habíamos pedido las típicas tapas españolas. Los otros dos suecos hablaban nuestro idioma con corrección y hasta se animaban a contar chistes españoles.

Al final de la cena, María nos propuso ir a un tablao flamenco. Aron se excusó explicando que se encontraba enfermo. Quedamos en que nos veríamos a las doce del día siguiente, en el punto de información de la terminal de vuelos internacionales del aeropuerto de Barajas y nos despedimos.

Al día siguiente me desperté temprano. Aproveché para ir a ver a mis padres y así despedirme de ellos. Fue la última vez que vi a mi padre lúcido: tiene una enfermedad mental, y al regreso ya nunca más pareció darse cuenta de la realidad. De vuelta a casa, y tras acabar algunas cosas pendientes, estuve listo para partir. Tomé la maleta, el pasaporte y cerré la puerta con llave.

Recuerdo que el conserje me preguntó si iba a ausentarme por mucho tiempo y, con una confiada sonrisa, le respondí que una semana, solo una semana.

Ya en el aeropuerto, sonó mi móvil: mensaje de Aron. Se retrasaba. Le contesté que no se preocupara y que le esperaría en la puerta de entrada a la terminal. Al terminar el segundo cigarrillo, paró un taxi frente a mí: Aron Modig se bajó de él. Le pregunté si había descansado. Sí, me dijo, se encontraba mejor.

Nos dirigimos al puesto de la compañía aérea con la que Cayetana había reservado los billetes. Recogimos los visados para poder entrar en Cuba. Lo que creíamos que iba a ser el primer control importante, no fue más que una rutinaria entrega de papeles. Ni una sola pregunta acerca de los motivos del viaje o de si ya habíamos estado anteriormente en la isla.

Como faltaba hora y media para el despegue, decidimos pasar el control de aduana y esperar dentro a que llegara la hora de embarque. Yo llevaba las medicinas y los fondos que me habían entregado Carlos Payá y Cayetana, respectivamente. Comenté con Aron que la mejor opción, para pasar los registros policiales cubanos, era dividirlos en dos, que cada uno llevara la mitad. De esta forma, si alguno era requisado, por lo menos, la otra mitad tendría la posibilidad de llegar a su destino. Facturamos y accedimos a la zona internacional sin ninguna complicación.

Buscamos una cafetería para comer y sentados en una de las mesas que daban al pasillo que cruza toda la terminal, empezamos a hablar de nuestras vidas; de lo que hacíamos en nuestros países, de en qué consistían nuestros trabajos en los respectivos partidos políticos. Aron me contó sobre su experiencia anterior en Cuba y los desplazamientos que realizaba por los países europeos participando en conferencias y actos, así como su reciente viaje a Georgia. Me pareció simpático.

Aproveché los últimos momentos disponibles para escribir mensajes de despedida a mis amigos y hacer algunas llamadas. Una vez que llegara a Cuba solo podría utilizar el teléfono que me había dado Cayetana. Con el mío, solo podría consultar Internet y utilizar el envío de datos. Nunca llamar.

Embarcamos. El vuelo transcurrió con normalidad. Durante el trayecto nos dio tiempo para hablar, ver películas, comer y, sobretodo, dormir. Leí la guía turística de Cuba que llevaba en la mochila de mano. Quería tener una visión previa de los lugares a los que ir o la manera de funcionar de un turista normal.

Había escuchado a mucha gente decir que los viajes a Cuba te marcan, que La Habana no deja indiferente a nadie, que la amas o reniegas de ella para siempre. Una contradicción acrecentada en los últimos años, por la pobreza creciente y las consecuencias que esa pobreza tiene en la vida, no solo material, sino también espiritual, de las personas.

Sabía, además, que así había sido desde siempre, desde la conocida como *«Fiel Habana»* del imperio español, hasta la «*Noble Habana*», acogedora de tantos compatriotas que antaño se fueron a «*hacer las Américas*» en busca de una vida mejor. De todas las ciudades del Nuevo Mundo, La Habana fue siempre una de las más cercanas y hospitalarias. Ante ella, no cabe la indiferencia.

Habían pasado ya varias horas cuando miré por la ventanilla del avión. Una sombra gris con luces salteadas se vislumbraba debajo. De acuerdo con el tiempo de viaje transcurrido, supuse que se trataba del archipiélago cubano. Empecé a notar la presión y el nerviosismo de los pasajeros que se dirigían a visitar a sus familias con sus sobrepesos de enseres básicos; lógicamente también viajaban turistas, que alegres llegaban a su destino de vacaciones.

Había salido de un país con todas las garantías de un Estado de Derecho, y la protección que esto conlleva para llegar a otro regido por una autoridad totalitaria. Además, iba a colaborar con los luchadores por la libertad, aquellos que, en la retórica arbitraria de la tiranía, son llamados «*contrarrevolucionarios*» y, de modo aún más despectivo, «*gusanos*».

Absorto en estos pensamientos, escuché anunciar al piloto el inicio de las maniobras de aterrizaje. Ya se veían las pistas del aeropuerto internacional José Martí.

¡Bienvenidos a Cuba!

Todo está muerto.
En esta cueva ni siquiera vive la muerte.

«Islas a la deriva»,
JOSÉ EMILIO PACHECO

2

El encuentro

Siempre he escuchado decir que cuando la muerte es inminente, la vida pasa en segundos por delante de los ojos. Aunque quizá el proceso no sea tan rápido como dicen, he podido comprobar que es cierto.

En el repaso que hice me sentí satisfecho. Tenía tan solo veintiséis años, cierto, pero no podía negar que mi vida había sido intensa y feliz. Muchos acontecimientos, nunca antes recordados, pasaron por mi cabeza. Detalles que ni siquiera sabía que escondía en la memoria. Desde lo más hondo de mi interior, me perdoné cuanto podría haber hecho mal y perdoné a quien hubiera intentado ofenderme. Un extraño camino me había conducido hacia la paz interior. No estaba enfadado, no tenía rencor ni maldecía mi destino. Simplemente me encontraba agradecido por los años vividos. A pesar de que me habían educado en la fe cristiana, no era un practicante ejemplar. En ese momento sentí cerca a Dios como nunca antes. Esa fuerza superior que algunos llaman de otra forma o simplemente conciencia. Y confié en Él con más fuerza que nunca.

Estoy seguro de que conocí lo que significa aceptar la muerte. De hecho, no temía que se volviera a abrir la puerta de la celda y apareciera un militar para poner fin a mi vida. Puede parecer exagerado, y quizá lo sea, solo que en esos instantes el miedo, la imaginación y la ausencia de protección, hacen asumir lo inevitable: en cualquier momento podían acabar con mi vida. Bastaba con el peligro de una muerte en extrañas condiciones, para descubrir que la posibilidad podía transformarse en certeza. En el totalitarismo, como tan bien ha enseñado la historia, cualquier cosa puede ocurrir impunemente. Como ha dicho Vasili Grossman: «*El totalitarismo no puede renunciar a la violencia. Si lo hiciera, perecería*». Así que en ese instante no me importó morir. Lo asumí y no culpaba a nadie por ello.

Tampoco me arrepentí de lo que fui a hacer a Cuba, de la gente que conocí, de los momentos vividos.

Absorto en mis pensamientos, sentí el ruido de unos pasos. Me incorporé, traté de mirar fuera de la celda. No sabía quién se aproximaba, aunque por el sonido intuí que debía ser más de una persona. Frente a los barrotes se paró un militar y abrió el candado oxidado que colgaba de la puerta. Junto a él, vestido de civil, un hombre con mal aspecto entró en la celda. La puerta volvió a cerrarse y se escucharon de nuevo los pasos de retirada.

No supe qué hacer. Supuse que debía ser otro preso. Podría serlo por su apariencia. Tenía puesta una camiseta ajada y destacaba su delgadez y su cara marcada por lo que parecía ser psoriasis. Sin embargo se le veía entero, ni de lejos en las mismas condiciones anímicas en las que yo me encontraba.

No me habló. Se acercó al camastro situado frente a mí, se tumbó y miró al techo. Pasó un buen rato que se me hizo eterno. A la dramática situación que estaba viviendo se unió que ahora tenía al lado a un desconocido con intenciones desconocidas. Momentos tensos. No podía si quiera cerrar los ojos. Tenía miedo a sus posibles reacciones. Lo que mi nuevo compañero pudiera hacerme, de cualquier forma, sería el menor de mis problemas.

De repente, cuando menos lo esperaba y como salido de un trance, se dirigió a mí y me habló.

❊ ❊ ❊

Eran cerca de las ocho de la tarde y cuando salimos del avión, anochecía sobre el cielo de Cuba. La cautela se hizo más palpable entre nosotros. Debíamos parecer dos turistas más de los cientos que llegaban cada día a la isla.

Si el Aeropuerto Internacional de Barajas es uno de los más modernos del mundo, equipado con tecnología de vanguardia, magníficas salas, amplios pasillos, y sin ninguna presión que moleste a los viajeros, el Aeropuerto habanero es un destartalado conjunto de pequeños espacios cerrados, sin ventilación apropiada y en el que una luz mortecina imprime una pátina de tristeza.

Cruzamos los pasillos que nos llevaban a la aduana que separaba la zona internacional del territorio cubano. Algo parecido a una muralla con puertas por las que entraba la gente. El otro lado no se veía, los marcos de las puertas y la pintura de las paredes dan la sensación de no haber sido renovados nunca. Me sentí ante una réplica del Muro de Berlín que daba entrada a la isla comunista.

Las colas parecían interminables; transcurría demasiado tiempo entre que un turista y otro pasaban el reconocimiento de los funcionarios de la Aduana. Había escuchado sobre lo exhaustivo de los controles para entrar a Cuba. El Régimen no quiere la visita de periodistas y políticos incómodos, y mucho menos de cubanos sin su correspondiente *«habilitación»*, una especie de visado para nacionales radicados en el exterior. Nadie que pretenda contemplar más allá de la ilusión permitida, de la ficción autorizada, que pueda revelar lo que realmente pasa en la cárcel-isla es tolerado. Mantener la visión de Cuba como paraíso tropical con ron, gente alegre, música y playas idílicas es el objetivo, pero la agobiante presencia de militares no hace otra cosa que aumentar el sentimiento de control y vigilancia.

Mientras aguardábamos, Aron y yo decidimos que debíamos tener una coartada si en el control nos preguntaban algo comprometido. Acordamos, que si era necesario, diríamos ser amigos que íbamos a Cuba de turismo. Y si desconfiaban por ser de nacionalidades distintas, contaríamos que nos habíamos conocido en la universidad en un intercambio de alumnos.

Cuando llegó nuestro turno, nos separamos. Cada uno entró en un cubículo de control. Una funcionaria cubana me fotografió, me hizo preguntas rutinarias sobre el tiempo que estaría en la isla y el lugar donde me hospedaría. Al terminar grapó una hoja al pasaporte con el visado de entrada y me dejó pasar.

Al estar ya en suelo oficial cubano mis temores resurgieron. Frente a mí, un policía escaneaba las bolsas de mano de cada viajero. Tenía miedo a que encontrara el dinero o las medicinas que llevaba. Por su parte, Aron no salía.

Empecé a desesperarme. Aron se retrasaba demasiado. No supe si pasar el control de rayos x y esperar junto a la cinta transportadora de las maletas, o seguir parado allí, aunque esto último parecía ir dejando de ser una opción. Comencé a notar cómo se fijaban en mí algunos de los vigilantes. Lógico: llevaba un buen rato esperando de pie. Me dirigí, entonces, a la cola para poder pasar el arco del control de objetos metálicos y el equipaje de mano. Entonces salió Aron y se acercó a mí. Por su rostro, tan tenso como aliviado, supuse que nada grave había pasado. Él era el que más problemas podría tener puesto que ya había estado anteriormente en Cuba.

Cruzamos la última inspección sin problemas. No pitamos en el arco ninguno de los dos. Nuestro equipaje de mano pasó el escáner sin problemas. Nos dirigimos a la cinta de maletas. Tardaban mucho en salir. De hecho, salían una a una, como si cada una fuera chequeada a conciencia.

Quedaba poca gente y nuestro equipaje no aparecía. Preocupado, lo comenté con Aron. Quizá las habían retenido y estaban esperando a que se fueran todos los turistas para interrogarnos. En estas circunstancias de presión, lo normal es que te pongas en el peor escenario posible. Mientras seguíamos esperando, Aron se fue al baño y me dejó solo durante algunos minutos. Casualmente entonces aparecieron las maletas en la cinta transportadora. Las bajé y esperé a que regresara el sueco. Cuando lo hizo, cogimos cada uno la nuestra y salimos.

Nos recibió una bocanada de aire caliente y húmedo. No recuerdo haber experimentado nunca una sensación tan intensa de bochorno. El aire inmóvil arrastraba olor a queroseno.

Lo primero que vimos fueron los puestos de información del aeropuerto. Parecía que habíamos viajado al pasado. Se notaba la falta de mantenimiento, la precariedad de recursos. Preguntamos por dónde salían los autobuses de la compañía de viajes con la que habíamos contratado el pasaje y nos indicaron el lugar. Cuando nos dirigíamos hacia ellos nos «*asaltó*» un joven cubano. Tomó las maletas y se ofreció a llevarnos hasta el autocar que nos conduciría al hotel. Aceptamos creyendo que era lo normal y que esa persona era de la agencia de viajes. Para nuestra sorpresa, al llegar frente al maletero del autobús e ir a guardar las maletas, nos pidió dinero. No teníamos mucha calderilla. Le ofrecimos 3 ó 4 euros, aunque él quería más. Fue el primero de los cubanos que encontramos, dedicados a «trabajar» con turistas. Solucionamos el problema sin darle más dinero y mientras terminaban de cargar las maletas de los demás, me fumé un cigarrillo. La humedad del ambiente lo apagaba constantemente, así que no lo terminé. Subimos y nos sentamos a mitad del pasillo.

Escribí un mensaje a uno de mis amigos en España diciéndole que estábamos bien y que ya nos dirigíamos a nuestro hotel. Fui precavido. Nada comprometido, un sms banal, aunque importante, ya que informaba que estábamos dentro de la isla y, de momento, sin contingencias.

El viaje en el autobús me pareció largo. Íbamos haciendo paradas en diferentes hoteles y parecía que el nuestro iba a ser uno de los últimos.

El Hotel Sevilla, en el que nos hospedábamos, se halla en lo que alguna vez fue el centro de La Habana, muy cerca del mar, junto al Paseo del Prado y próximo al Capitolio. Gracias a ese recorrido, pude tener mis primeras sensaciones de la ciudad.

El autobús nos hacía sentir cada bache de las carreteras y calzadas por donde transitamos. Los coches que adelantamos eran realmente antiguos, muy antiguos y excitaban la imaginación como si estuviéramos realizando un viaje al pasado. En Cuba todavía circulan viejos coches norteamericanos anteriores al 59, algunos incluso con más de setenta años; también hay reliquias soviéticas y carromatos tirados por caballos. Es apabullante la ruina y la devastación de los edificios olvidados. A ratos se diría que se ha llegado a un país devastado por la guerra. La Habana aparenta, muchas veces, ser una ciudad después de la batalla.

Desde algunos de estos edificios colapsados se asoman personas que tienen allí su hogar. Nada se salva del deterioro. Incluso el Capitolio, emblema cubano y copia de su pariente norteamericano, se encuentra rodeado de andamios que no ocultan el mucho tiempo que llevan alzados allí inútilmente.

Una hora después, llegamos por fin a nuestro destino. Me sorprendió la oscuridad en la que se hallaba sumida la ciudad. Las farolas estaban apagadas. Pocas luces escapaban de las ventanas de las casas. Cuando nos dispusimos a entrar al *lobby* del hotel, dos jóvenes se ofrecieron a conducirnos a algún restaurante, alguna discoteca…, e incluso a algún otro lugar.

Sin duda, hacía más de un siglo, el Sevilla había sido un gran hotel. Construido hacia 1908, como supe después, en su época llegó a ser el hotel más lujoso de la ciudad. En él se hospedó *Enrico Caruso*, en 1920, cuando interpretó su famosa *Aída* de La Habana, también la vedette *Josephine Baker*. El edificio, sin embargo, sufría el mismo mal común: la falta de mantenimiento. La entrada insinuaba la grandeza que alguna vez tuvo pero todo cuanto estaba en pie se encontraba en estado de penuria.

A la izquierda del mostrador, había un puesto de cambio de moneda, y un salón destinado a servir los desayunos de los huéspedes. A la derecha, una pequeña terraza interior con una cafetería, una sala de espera para reunir a los grupos de turismo organizado y, más al fondo, las escaleras y el ascensor que conducían a las habitaciones.

Hicimos el *check-in*. La recepcionista tomó los datos de los pasaportes y cuando tuvimos las llaves de la habitación, nos situamos en la cola del mostrador de al lado para cambiar los euros que llevábamos.

Hubo una época en la que para los cubanos estar en posesión de divisas extranjera estuvo penado con la cárcel, pero en 1993 en medio del terrible periodo especial, el gobierno despenalizó la tenencia de dólares.

Se creó entonces un sistema de doble moneda: el peso cubano, que no da acceso a casi nada y solo sirve para comprar los productos de la tristemente célebre libreta de abastecimiento, y es además la moneda que perciben los trabajadores en sus míseros salarios; y el CUC, una especie de divisa, cuyo valor fluctúa entre 1,11 y 1,25 dólares estadounidenses, y que solo tiene valor en Cuba. Con estos pesos convertibles es posible comprar más productos. Eso sí, carísimos y totalmente inaccesibles para aquellos que no tienen una ayuda del exterior.

Aron y yo acordamos cambiar la misma cantidad de dinero para los gastos básicos que tendríamos. Incomprensiblemente, al comprobar más tarde las cantidades de dinero, a Aron le habían dado menos pesos que a mí. Nos íbamos dando cuenta de las triquiñuelas que serían tónica habitual del viaje.

Cuando subimos a la planta de nuestra habitación, comprobamos que estaba en peores condiciones que la planta baja. Las puertas de entrada a las habitaciones no cerraban bien. La madera se había dilatado, al parecer por la humedad y no coincidían con el espacio delimitado por el marco.

En la habitación, vimos un armario con una caja fuerte, y dos camas separadas, una televisión y un baño con viejos grifos de agua giratorios y enseres antiguos. De cualquier modo, nos sentimos aliviados y, si cabe, protegidos. Estábamos dentro de la isla, habíamos logrado llegar sin problemas y aunque ahora empezaría lo duro, por lo menos habíamos logrado el primer paso.

Teníamos hambre y la hora de cenar había pasado. En la guía de turismo descubrí un restaurante frente a la catedral de La Habana que debía hallarse relativamente cerca del hotel. Nos aseamos, nos cambiamos de ropa y guardamos los pasaportes, el dinero y las medicinas en la caja fuerte.

En la puerta del hotel, volvieron a asaltarnos los *«guías turísticos»* para proponernos cualquier cosa que pudiéramos desear. Parecía lo habitual. Con su propina en dólares o euros, estos *«guías»* alcanzan un nivel de vida superior al resto de los cubanos.

Siguiendo el mapa de la guía turística, nos encaminamos al restaurante. La verdad es que nos dio miedo andar a oscuras por calles que no conocíamos. Así que volvimos al hotel y tomamos un taxi de los que aguardan en la puerta. Era un coche que parecía llegado de una historia antigua. Con seguridad, en España o en cualquier otro país de Europa, le habrían prohibido circular debido a su estado de conservación. Durante el recorrido, entablé conversación con el taxista. Me explicó que trabajaba para el Estado de día, trasladando gente a donde le decían, y que por la noche le dejaban el coche para que lo utilizara como taxi a cambio de una parte de la recaudación. Le señalé que me extrañaba que ese coche pudiera seguir circulando. Me respondió que en La Habana era normal, que había hasta piezas de repuestos de los antiguos coches soviéticos que llegaban a la isla como desguace procedente de Rusia.

La Habana parecía sumida en la noche. Ni farolas, ni ventanas, alumbraban el exterior. Al taxista no le alarmó la oscuridad. Según él, también eso era habitual. Como no había mantenimiento de la vieja red eléctrica, en cuanto caían algunas gotas de lluvia, se producían desperfectos que tardaban días en ser reparados. Solo los puntos turísticos, hoteles y restaurantes, tenían luz debido a que contaban con grupos electrógenos propios para generar energía.

Bajamos del taxi y caminamos algunos metros hasta la Plaza de la Catedral. Su imponente imagen de piedra evoca tiempos de un pasado esplendoroso.

El restaurante tenía dos pisos y una terraza abarrotada de turistas. Al entrar y pedir mesa nos situaron cerca de una de sus ventanas, desde la que se veían casas bajas en cuyos tejados se reflejaba la luz de la luna. Una imagen hermosa que parecía salida de la ilustración de un libro. La penumbra ocultaba el paso de la revolución y el espejismo de los tejados evocaba el encanto de la antigua metrópoli española.

Pedimos los platos más sencillos de carne que había en la carta pero el camarero respondió que ya no quedaban. Curiosamente, solo estaban disponibles los dos platos más caros. Comimos ligero. Durante el tiempo de la cena, intercambiamos impresiones de lo visto hasta entonces. Aron no estaba tan sorprendido como yo y reconocía lo que se iba encontrando.

Apostados en los portales había personas vestidas como los criollos del siglo XIX, a la espera de obtener una foto con algún turista, a cambio de divisa. Una anciana, por ejemplo, fumaba un gran puro y echaba las cartas. Me pareció que nos hacían participar de una grotesca función de teatro, de una parodia monstruosa, que pretendía reconstruir lo que había sido Cuba alguna vez.

Quisimos tomar un taxi de regreso. Para conseguirlo callejeamos a través de la oscuridad con un guía que se ofreció a conseguirnos uno y que conocía perfectamente las calles y los recovecos habaneros. Ya en el taxi me percaté de que nos habían dado una vuelta considerable y que, en realidad, el restaurante estaba bastante cercano al hotel y de no ser por la falta de iluminación, hubiera sido un paseo de cinco minutos a pie.

En la habitación, planificamos cómo ordenar el siguiente día. Aún no habíamos recibido ningún mensaje. Decidí escribir a Carlos Payá. Le revelé el silencio que nos rodeaba. Era esencial no mencionar nombres o cualquier otra clave que pudiera comprometernos. Al rato, Carlos respondió que un problema de comunicación había provocado que nuestros anfitriones pensaran que íbamos a llegar días más tarde.

Aliviado, dije a Aron que iba a bajar a la recepción, único punto donde se anunciaba la existencia de Wi-Fi. A veces ignoramos lo dependientes que somos de Internet hasta el instante en que carecemos de ella. En España o en cualquier país desarrollado, cualquier necesidad puede verse automáticamente solventada consultando un

Smartphone, haciendo una búsqueda rápida o un par de llamadas.

Había pocos turistas en la terraza. Pedí en el mostrador la clave de acceso y descubrí de qué modo se las ingeniaban para dar acceso a Internet únicamente a los turistas: por 15 minutos el importe era de casi 10 euros, un precio prohibitivo para el cubano de a pie.

Como me habían cancelado la reserva del coche, necesitaba otro. Consulté a la recepcionista. Me dijo que todos los hoteles tenían puntos de *rent-a-car*, inclusive el propio hotel Sevilla. Quedé más tranquilo al descubrir en el mapa que estábamos rodeados de hoteles. Seguro que conseguiría uno al día siguiente.

Satisfecho, esperanzado por la llegada del siguiente día, subí a la habitación. Hasta el momento, no habíamos percibido aún la vigilancia de la seguridad de la dictadura. Pronto la sentiríamos.

Al día siguiente, cuando desperté entraba la claridad del día a través de las cortinas que intentaban cubrir las ventanas. Me vestí, cogí los dos teléfonos y bajé a la recepción. Localicé la oficina de *rent-a-car* a la que se accedía por un pasillo del que no me había percatado el día anterior. A pesar de lo temprano de la hora, ya había bastantes personas aguardando turno. Esperé un largo rato. Comprendí que en Cuba el tiempo transcurre con una lentitud pasmosa, mucho mayor a la del resto del mundo. Cansado de esperar, sin ni siquiera saber si iba a tener la oportunidad de conseguir algún coche, pregunté si al menos había automóviles disponibles. El encargado me dijo que no.

Decidí buscar en hoteles próximos. A la salida, me crucé con varios grupos de turistas que esperaban para realizar las programadas visitas a La Habana.

Por el camino, me sentí observado. En ese momento descubrí que el habanero de a pie mira con descaro. Y con un descaro peculiar, porque no irrita, no amenaza. Es una mirada amable, sonriente, que intenta establecer un diálogo. Se vive con extroversión, a la vista de todos. No hay secretos, únicamente los que pueden perjudicar políticamente. El cubano quiere conversar, saber del mundo, saber de ti y habla como si fueras su amigo de toda la vida. Ignoro si siempre ha sido así o es el resultado de tantos años de encierro.

Había operarios colgando pancartas anunciando la celebración del 26 de julio, lo cual me provocó una profunda desazón. Me vinieron a la mente los famosos e interminables discursos de Fidel Castro, que se prolongaban durante horas.

Mientras iba de un lugar a otro, recibí un mensaje. Oswaldo me hablaba de la posibilidad de quedar esa misma mañana. Aumentaba, pues, la presión; según me decía, al mediodía sabría dónde quedaríamos.

Cuando regresé al Sevilla pensé que si los «guías», que se apostaban en la entrada, eran capaces de ofrecer cualquier cosa, lógicamente también podrían conseguir un coche. Me dirigí a uno de ellos. «*Ningún problema*», dijo. Un amigo suyo nos podría llevar a donde quisiéramos. Pero nosotros necesitábamos un coche sin conductor, insistí, y que fuera alquilado de forma legal. Respondió que indagaría, y en un rato me daría una respuesta. Al despedirme dije mi segundo nombre, Francisco.

Conté a Aron el problema y si le parecía bien lo que estaba haciendo. Él estaba desayunando. Dio su visto bueno y nos dirigimos a la recepción donde nos esperaba el chico habanero.

Nos llevó andando de un *rent-a-car* a otro sin conseguir nuestro propósito. Después de visitar el tercer sitio, llamó a un amigo suyo taxista que nos llevó hacia las afueras de La Habana. En el camino paramos en el Hotel Nacional que tampoco tenía coches disponibles. Hasta que llegamos a un lugar retirado donde nos dijeron que sí. Como diría un cubano, *«era el último carro en oferta»*.

Estábamos en una especie de cafetería al aire libre con terraza y una caseta de obra que hacía las veces de oficina de alquiler. Al entrar, nos asaltó una ola de frío. Todo aquel cubano que consigue un aire acondicionado siempre lo pone a su máxima potencia. El coche disponible, nos explicaron, era un Hyundai. Estaba en reparación: se había inundado y tenía una rueda pinchada, pero ya lo habían arreglado. En La Habana cuando llueve con fuerza, los coches pueden quedar atascados por las inundaciones. Aun así, nos aseguraron que estaba a punto y que cumplía con los requisitos. Acto seguido, preguntamos el precio. Cuando nos dijeron que deberíamos pagar el equivalente a 120 euros por jornada, me di cuenta de que estábamos tratando con rateros y que íbamos a ser estafados.

Sin embargo, carecíamos de opción. Tendríamos que pagar lo que pedían. Juntamos entre Aron y yo el dinero que llevábamos y el resto lo pagamos con mi tarjeta de crédito. Rellenaron mis datos ya que Aron no tenía carné de conducir. Pidieron a uno de sus compañeros que fuera a buscar el coche.

Tardó bastante en volver. Aprovechamos para beber un refresco en la terraza. Cuando apareció, comprobamos que tenía las ruedas hinchadas. También que despedía un fuerte olor a humedad que, nos advirtieron, se eliminaría si llevábamos las ventanas abiertas durante un tiempo. Nos dirigimos a un taller junto con la persona que lo conducía. Allí nos dijeron que un técnico había vuelto a revisarlo y que estaba en condiciones. Me dio las llaves y, con ellas todavía en la mano, aproveché para enviar un mensaje. Le dije a Oswaldo que ya estábamos listos y que nos indicara dónde nos veríamos. Quedamos en una esquina de la calle que da entrada al Hotel Nacional. Como no sabía llegar allí y no tenía GPS, le dije a nuestro improvisado amigo cubano que nos acompañara. De esta forma llegamos al hotel en cuestión. Sin embargo, ya no podíamos seguir con él. A poca distancia del lugar del encuentro le pedí que bajara, le agradecí el servicio y le correspondí con veinte pesos convertibles. Me parecía justo por habernos ayudado a encontrar un coche y servido de guía hasta el punto de encuentro. Como excusa para que bajara, le dije que íbamos a buscar unos amigos de mi padre y que no cabría cuando el resto subiera.

Recorrimos una manzana más y en una de las aceras, de pie, distinguimos la figura de Oswaldo Payá.

No hay camino hacia la libertad,
la Libertad es el camino.

GANDHI

3

Los defensores de la libertad

El hombre de la cara marcada que ahora me acompañaba en la prisión y que tantas suspicacias despertaba en mí preguntó mi nombre. Continuaba ignorando sus intenciones. Supuestamente no sabía quién era yo. Cuando le conté por encima, siempre repitiendo la versión oficial, quiso que le contara todo sobre mí. Por su reacción, deduje que conocía el motivo por el que me encontraba en el calabozo. Fui precavido. Intuía que las autoridades cubanas querían que no volviera a repetir lo que realmente había sucedido. Me limité a decir que habíamos tenido un accidente en el que habían muerto dos personas.

Me explicó que era abogado, experto en derecho internacional, que había sido encarcelado por colaborar con los movimientos opositores. Extraño, demasiado extraño. Me habían interrogado, habían hecho lo que habían querido y ahora introducían en mi celda a un abogado que decía ser disidente del Régimen. Resultaba hilarante. Solo alguien muy ingenuo o muy necio podía creer su historia. Tenía todas las trazas de un agente infiltrado. Tampoco necesité ser muy hábil para corroborarlo a lo largo de la conversación.

Insistió en saber quiénes viajaban en el coche, sus identidades y el motivo de nuestra visita a Cuba. Finalmente le mencioné que uno de los fallecidos era Oswaldo Payá. Entonces fue cuando empezó a contarme una serie de historias que hicieron que mis dudas acerca de su identidad quedaran disipadas.

Los accidentes automovilísticos en Cuba, me explicó, eran comunes y a los extranjeros que estaban involucrados en ellos solo se les pedía una indemnización económica y se les dejaba regresar a sus países, sin ser sometidos a juicio o a prisión provisional. Era lo que él llamaba «*la expulsión*».

Además, repitió lo que ya se habían encargado que «*entendiera*» los militares que me custodiaron en el hospital: si no colaboraba, no solo me acusarían de homicidio imprudente, sino que sería además procesado por delitos contra la revolución, lo que contempla penas de hasta 30 años de cárcel o incluso algo peor. Por ello, mi improvisado compañero de celda me animó a colaborar con todo lo que las autoridades cubanas pidieran. Es más, tuvo el cuidado de relatar el caso de Alan Gross; insistiendo en que si Estados Unidos no había sido capaz de rescatar a un ciudadano norteamericano, veía improbable que España pudiera hacerlo.

Alan Gross, un norteamericano de Maryland apresado en 2009 por el Régimen cubano, había sido acusado de ayudar a la disidencia cubana. En su caso, por proveer de conexión a Internet segura a la comunidad judía. El gobierno cubano le detuvo y lo ha estado utilizando como chantaje a Estados Unidos a cambio de los cinco espías cubanos que fueron detenidos y juzgados por las autoridades norteamericanas. Alan Gross sigue a día de hoy privado de libertad en Cuba.

El mensaje estaba claro: si yo quería salir de Cuba, debía cooperar con lo que me pidiesen los militares y el estado cubano.

Por último, mi compañero de celda me puso al tanto del Tratado Bilateral de 1998, firmado entre España y Cuba en relación con el traslado de presos. Me aconsejó que si conseguía que solo me acusaran del accidente, me hallaba en condiciones de esgrimir dicho convenio y volver a casa, donde el gobierno de mi país podría indultarme.

Para ser sincero, no creía nada de lo que me decía. No podía admitir que bajo el mandato de Aznar se firmara un Convenio con Cuba. Más adelante supe que era cierto, y que este tipo de acuerdos son frecuentes entre los diferentes países, sean democráticos o no.

Intenté que no siguiera hablándome del tema. Como no me fiaba, me sentía incómodo. Me tumbé, cerré los ojos, a la espera de que creyese que me había dormido. Pero cada vez que los abría de nuevo, volvía a la carga con el mismo discurso interminable.

Y mientras aquel policía disfrazado de preso se empeñaba en hacerme ver las ventajas que podía obtener, volvió a abrirse de la puerta de la celda. Aparecieron dos personas, un guardia y un militar a quien, por las tres estrellas de la chaqueta, identifiqué como un coronel. Me ordenaron que los siguiera y me condujeron a una pequeña sala de aproximadamente diez metros cuadrados, con el habitual y potente aire acondicionado, y en la que solo podían verse dos sillas y un diminuto escritorio.

Me preguntaron más detalles acerca de mi vida. Indagaron sobre mis cargos políticos y sobre mi partido. No les conté más de lo que supuse que averiguarían si introducían mi nombre en un buscador de Internet. Me repitieron cuanto mi *«compañero de celda»* me había relatado . Acabaron por *«recomendarme»* grabar una confesión en vídeo. Me negué o intenté negarme. No quería dar ningún paso sin consultar con un abogado o con un representante consular de España. Por desgracia, carecía de semejante posibilidad. Tampoco estaba en condiciones de llevar la contraria a los militares.

Me indicaron lo que debía decir en el vídeo. La grabación se llevaría a cabo en solo unas horas: estaban preparando la sala y las cámaras.

Antes de volver a la celda, me entregaron un polo a rayas y me pidieron que me peinara un poco: debía parecer natural en el momento de la grabación. También aquello, como casi todo en Cuba, tenía la apariencia, y nunca mejor dicho, de una puesta en escena.

Primero pensé: si grabo ese vídeo autoinculpatorio mi vida dejará de ser útil para ellos. Podrán alegar que cualquier suceso repentino acabó conmigo; por ejemplo, que otro preso me mató. Cualquier cosa que se les ocurriera, por disparatada que pareciera, sería dada por buena. Si tenían la grabación en la que validaba su versión oficial, el resto carecía de importancia. Incluso ellos mismos acabarían con mi vida y luego lo cubrirían de alguna coartada.

De vuelta en la celda, pedí a mi compañero que no me hablara. Le dije que me dolía la cabeza. Tenía que lograr que en el extranjero, cuando se viera el vídeo, supieran que estaba siendo forzado a decir una gran falacia, que se trataba de una confesión bajo amenaza. Y carecía de tiempo para encontrar alguna argucia para poder luego desmontar las mentiras que los militares me iban a forzar repetir. Para poder, en definitiva, sugerir entre líneas la verdad.

❅ ❅ ❅

Veía a Oswaldo Payá por primera vez. Había seguido su trayectoria, su larga y heroica resistencia a la dictadura. Se había convertido en un líder para los defensores de la libertad y la democracia. Tenía un aura que embriagaba. Vestía unos vaqueros y una fresca camisa de manga corta. Nos hizo señas para que nos detuviéramos. Se acercó, abrió la puerta trasera y se sentó detrás de mí. Solo entonces nos saludó. Pidió que diéramos un pequeño rodeo para comprobar que no nos estaban siguiendo. Nos guío por diferentes calles de La Habana. Oswaldo era y representaba una vida entera dedicada a la reivindicación de los derechos ciudadanos y a la resistencia pacífica.

Cuando sales de las avenidas principales de la capital cubana, es cuando comprendes en toda su medida el estado lamentable en que se encuentra la ciudad. Calles sin asfaltar o con el asfalto destruido por tantos años de desidia y despreocupación estatal; la gente sentada al borde de las calzadas, sin nada que hacer, sin nada que esperar, con mirada de angustia, de hastío, de desesperanza, en medio de restos de basura sin recoger.

Al fin, emprendimos camino hacia una iglesia donde Oswaldo reveló que podríamos conversar sin preocupaciones. Mientras, íbamos hablando, explicando quiénes éramos, a qué nos dedicábamos.

Oswaldo nos contó las personas que conocía en nuestros países. En mi caso, de España, había ido a visitarle un número considerable de diputados y periodistas de relevancia que quisieron colaborar y conocer su actividad.

Desde el primer momento nos trató con una increíble cercanía, casi con familiaridad. Supongo que para él recibirnos suponía una bocanada de aire fresco. Un soplo de libertad.

Nos detuvimos en un aparcamiento cercano a la bahía. Bajamos del coche. Pagamos lo que se conoce como «*parqueo*», o lo que es lo mismo, a un señor que, a cambio de vigilar el coche, recibió unas cuantas monedas. Nos dirigimos a un parque y nos sentamos en uno de sus bancos. Estábamos solos.

Oswaldo nos reveló que pensaba que llegaríamos días más tarde. Dijo que adelantaría las visitas que quería hacer.

Contó que esa misma tarde se reuniría con otras personas en un sitio que visitaríamos después. Durante nuestra semana en Cuba, conoceríamos a miembros del *Movimiento Cristiano Liberación* y a otros opositores al Régimen. Para ellos reunirse siempre constituía un riesgo. La libertad de asociación es un derecho negado en la isla. Pensar de formar diferente y verse con personas que compartan las mismas ideas está considerado conspirar contra el Régimen.

Aprovechando que estábamos tranquilos y, al parecer, solos, le entregamos el dinero que llevábamos y las medicinas contra el cáncer que habíamos cogido antes de salir del hotel. Convenimos que en los próximos días las llevaríamos a Cáritas.

Volvimos a subir al coche para dirigirnos a la Iglesia del Espíritu Santo, la más antigua que se conserva en Cuba. En los años iniciales del movimiento, allí se producían los encuentros de los miembros de la zona occidental de la isla. En el exterior hay una curiosa placa que dice:«*única Iglesia inmune en esta ciudad, construida en 1855*». La inmunidad se refiere a que en esta Iglesia podía concederse asilo a los perseguidos. No hace falta decir quién rompió esta tradición.

Entramos en un templo sumido en una casi absoluta oscuridad. Claramente construido en época de la colonia, estaba ubicado entre pequeñas casas o edificios en mal estado. Cuando entramos vimos que en unas mesas comían niños y ancianos. Se habría dicho que habían improvisado un comedor social en medio de la nave central de la iglesia. Nada destacaba especialmente en medio de la rigurosa sobriedad, ningún dorado saltaba a la vista.

Oswaldo se perdió por una de las salas. Reapareció acompañado por un joven sonriente y que, pronto lo supimos, sonreía siempre. Nunca perdía el aire de bondadosa alegría. Iba descalzo. Parecía que lo habíamos sorprendido en medio de labores de limpieza. Se presentó con gozosa cordialidad: Harold Cepero. Primero, nos agradeció que hubiéramos ido a verlos. Explicó en qué consistía su labor y cómo, gracias al párroco del lugar, disponía de trabajo para vivir. La conversación fue breve. No podíamos pasar demasiado tiempo allí porque podíamos levantar sospechas.

Como era casi la hora de la comida, Oswaldo nos condujo a un lugar que fijaríamos en adelante como punto de encuentro. Se hallaba cerca de su casa, en la barriada de El Cerro. Desde el hotel podíamos llegar relativamente en poco tiempo allí. Le dejamos y quedamos en que más tarde nos pondríamos en comunicación para volvernos a vernos. Quizá nos encontraríamos con su hija.

Cuando las grandes familias habaneras sintieron que la ciudad, con sus calles estrechas, su agitación diaria, comercial y doméstica, les quedaba pequeña, construyeron sus grandes palacios en el barrio del Cerro.

Éste fue, y acaso por momentos todavía sea, un ejemplo bellísimo de la arquitectura neoclásica habanera del siglo XIX. Allí fue donde la rancia nobleza de entonces, como los Arango y Parreño, los condes de Fernandina y Santovenia y, los marqueses de Pinar del Río, se asentaron. Allí construyó el ingeniero Francisco de Albear el gran acueducto, que aún hoy funciona, y que fue premio de la exposición de París en 1889. Y, como El Cerro abastecía de agua a toda la ciudad, se decía y se dice que «*El Cerro tiene la llave*». Hoy es un barrio venido a menos y olvidado, de los más humildes de La Habana. No obstante, a pesar de la acumulación de basura y de las casas ruinosas, conserva un raro encanto, una grandeza imborrable. Sus calles abarrotadas de baches, atravesadas por la imponente Calzada del Cerro, tienen mucha huella de España. Se me ocurre que quizás sea allí donde se conformó la esencia de la nación cubana, mezcla de sus antepasados españoles y de los esclavos africanos devenidos hombres libres, y de otros muchos más que vinieron después. En ese barrio mágico, cerca de la parroquia, vivía y resistía la familia Payá.

Tras descansar brevemente en el hotel y hablar sobre cuanto habíamos vivido esa mañana, de lo impresionante que resultaba comprobar la cotidianidad de una persona perseguida por su propio gobierno, nos encaminamos hacia el malecón, ese ancho muro de piedra que separa el mar de la principal calzada que bordea la ciudad. Nos adentramos en los rincones de La Habana real, espacios a los que el gobierno prefiere que no accedan los turistas. Edificios en pésimo estado. Las bodegas, que es como en Cuba han llamado siempre al mercado de ultramarinos, y donde el pueblo recibe su escaso racionamiento, estaban vacías. Fue curioso observar cómo un dependiente troceaba un pollo lanzándolo directamente contra el suelo. De hecho le hice una foto y, al verme fotografiarlo, me exigió un dólar.

Una mujer embarazada me pidió agua de la botella que llevaba y que había comprado en el hotel. La pobreza es la tónica general más allá de las manzanas reformadas para los turistas.

Además pudimos ver una réplica de una jaula a tamaño humano, justo al inicio de la avenida que llevaba al Capitolio cubano. Fue escalofriante. De hecho nos fotografiamos allí. Quién me podría haber dicho que esos calientes barrotes serían la antesala de los que me encontraría días después.

Recibimos un nuevo mensaje al móvil. Nos decía la hora en la que quedaríamos para conocer a su hija. No teníamos mucho tiempo, así que decidimos comer algo rápido, subir a la habitación para comprobar que todo estuviera en orden y volver a salir. Ya en el coche llegamos al punto de encuentro. Mientras esperábamos que apareciera Rosa María Payá, vimos un señor que vendía pan en su bicicleta. Próximo a nosotros una señora gritó desde la ventana de su vivienda y el improvisado panadero paró justo debajo. La señora descendió una bolsa atada con una cuerda. Él recogió el dinero e introdujo el pan. La bolsa volvió a ser izada triunfante.

Seguíamos esperando y observando las peculiaridades de la gente que nos rodeaba. En un bloque de tres pisos a nuestra derecha, veíamos cómo un hombre jugaba con su perro en una azotea sin barandillas ni nada que le impidiera caer al vacío. Sin embargo, no parecía importarle y caminaba sin ninguna preocupación.

Mientras esto sucedía, una chica joven abrió la puerta y subió al coche con resolución. Rosa María Payá se presentó. Nunca la había visto ni siquiera en fotos. Nos condujo hacia un lugar tranquilo donde poder hablar sin preocupaciones. He sabido que la sensación de ser escuchados, vigilados y controlados constantemente es un mal que se instala en los cubanos, una pavorosa realidad que arrastran aun cuando ya se encuentran en el exilio.

Atravesamos una zona de embajadas hasta que llegamos a un camino que conducía a una playa de rocas. Después supe que se trataba de la llamada *Playita de 16*, en otro tiempo, centro de reunión de lo más atrevido de la juventud cubana, la misma que ha emigrado durante cincuenta y tantos años de dictadura a tantos países del mundo, convirtiendo su éxodo en uno de los notables de nuestro tiempo. Al aparcar decidimos sentarnos en una parte retirada del resto para poder estar solos y hablar libremente. Como me hallaba intranquilo, estuve de pie casi todo el tiempo.

De mediana estatura, Rosa María era delgada y morena, y llevaba el pelo recogido. Por su forma de andar evidenciaba soltura y determinación.

Nos contó cómo funcionaban, qué hacían, los detalles de cómo pudieron conseguir las firmas necesarias para presentar el *Proyecto Varela*. Hablaba en inglés. Evidenciaba solidez intelectual. Escucharla resultó revelador. Percatarse de que en Cuba las personas políticamente comprometidas tenían que renunciar a su vida era un aspecto que hasta ahora nosotros nunca habíamos considerado.

Además, las restricciones para reunirse y las dificultades para conectarse a Internet hacían mucho más arduo cualquier encuentro y más complicada la tarea de propagar el mensaje de un cambio necesario y ojalá, algún día, real. Suplían las carencias con un boletín que redactaban, diseñaban y distribuían a veces a través de CDs grabados. Rosa María podía conectarse a Twitter o a Facebook aleatoriamente a través del ordenador de su trabajo o en las embajadas de los países europeos más solidarios con la lucha pacífica contra la dictadura. En Cuba ningún ciudadano puede contratar en su casa un servicio de Internet. El privilegio de una conexión, extraordinariamente lenta, solo la tienen determinados funcionarios vinculados al Régimen y los empresarios extranjeros.

Hasta que empezó a anochecer estuvimos con esa joven valiente. En algún momento recibió un mensaje de su padre. Decía que lo pasáramos a recoger. Habíamos estado alrededor de dos horas hablando y empezaba a oscurecer. Nos condujo hacia una calle en la que nos esperaban Oswaldo y Harold.

La reunión, que debía celebrarse por la mañana, había tenido que ser suspendida: los alrededores del sitio estaban tomados por militares de la Seguridad del Estado.

Estando ya los cinco en el coche, nos dirigimos a beber un refresco a una cafetería tranquila fuera del centro de La Habana. En el camino nos hablaron de la posibilidad de viajar el domingo a Santiago de Cuba. En principio, me pareció un trayecto demasiado largo. Teníamos un coche sin una buena aceleración y tenía miedo de que surgiera algún contratiempo en el viaje y que nos dejara tirados en mitad de la nada. También me pareció peligroso. Ellos, tranquilizadores, respondieron que ya habían hecho el viaje otras veces.

Aprovechamos el trayecto para probar la aceleración, que se confirmó deficiente, y ver si un extraño ruido continuaba. De cualquier forma esto parecía normal en un coche así y en cuanto al acelerador, no necesitábamos ir a excesiva velocidad por lo que no suponía tampoco un problema.

Aparcamos frente a la cafetería. No había más coches por lo que lo situamos en un ángulo desde el que podíamos verlo en todo momento. Entramos en el local y hablamos de temas de actualidad. En algún momento los cubanos sacaron las baterías de sus viejos teléfonos móviles por miedo a que pudieran estar interceptados.

En Cuba las únicas noticias que supuestamente se pueden consultar son las de los canales oficiales de televisión y los periódicos del Régimen. La información llega sesgada. Aunque La Habana está inundada de antenas parabólicas clandestinas que captan la señal de los canales de Miami. El gobierno, incansable en todo lo que sea perseguir la libertad de expresión e información, las rastrea sin tregua.

Nos detallaron, asimismo, los continuos seguimientos y hostigamientos a que estaban sometidos. Llamó mi atención que un mes antes, mientras Oswaldo conducía su coche junto a Ofelia, otro vehículo los embistió y los volcó. De inmediato apareció la policía, los sacó del coche y velozmente los alejó de la escena; en menos de un minuto se encontraron en un hospital. Entonces culparon a Oswaldo de la «extraña colisión». La semejanza del modus operandi entre este hecho y el ocurrido el 22 de julio, justo, un mes y vente días después, no es simple coincidencia.

Quedamos en vernos al día siguiente. Les dejamos donde siempre y regresamos al hotel. Al aparcar, un hombre se acercó y nos dijo que tenía que registrar al dueño del coche y que le teníamos que pagar para poder aparcar. Tomó mis datos.

Comimos un sándwich en la cafetería del hotel y hablamos sobre el viaje a Santiago. Antes de viajar a Cuba no sabíamos que íbamos a tener que hacerlo. Debatimos. Dije a Aron que no habíamos ido de vacaciones y que debíamos hacer lo que se esperaba de nosotros.

Estaba muy preocupado. De hecho, envié algunos mensajes a amigos y pedí a uno de ellos a través de *Viber* (una aplicación que hace llamadas a través de la conexión de datos de Internet) que llamara a nuestra amiga para informarle de que viajaríamos a Santiago de Cuba. Después de oír la historia de Oswaldo sobre el supuesto accidente, tenía auténtico recelo de que volviera a ocurrir algo semejante. Hablamos en clave puesto que podía estar siendo intervenido el teléfono. Esa noche dormí preocupado. La verdad es que temía que nos pudiera pasar algo.

Al día siguiente después del desayuno, Aron y yo salimos a dar un paseo mientras hacíamos tiempo a que nos avisaran. Pasamos por delante del Capitolio. Llegamos a uno de los hermosos palacios de la época colonial, además de visitar un castillo construido en la época en la que Cuba era colonia española.

Intentamos tomar un refresco en alguna de las cafeterías de la zona turística, pero todavía no estaban abiertas a pesar de ser cerca del mediodía.

Cuando nos encontramos de nuevo con Oswaldo, nos dirigimos a una casa de cambio de la afueras de La Habana. Entre Aron y yo debíamos cambiar el dinero que previamente él nos había dado.

Era una caseta en medio de edificios. En la entrada, el típico gorila de seguridad vigilaba que todo estuviera bien en la cola que casi daba la vuelta a la esquina. Siempre había escuchado que en Cuba las colas son todo un ritual, que requieren de ingenio y paciencia. Es verdad.

Cuando llegó nuestro turno, me tomaron los datos del DNI que les entregué (el pasaporte seguía guardado en la caja fuerte de la habitación del hotel). Aron, sin embargo, no había llevado consigo ningún tipo de identificación, por lo que no pudo cambiar su dinero. Y como le hablaban en español no entendía lo que le decían. Se dirigió a la salida pero la cajera que me acababa de atender me explicó que yo también podía cambiar ese dinero. Únicamente preguntó para qué lo queríamos. Lo primero que me vino a la cabeza fue decirle que al día siguiente iríamos a Varadero. Así, Aron me dio el dinero que debía cambiar él y la cajera nos entregó los pesos convertibles. Era un fajo de billetes por lo que nos los volvimos a dividir para intentar meterlos dentro de los pantalones y no salir con ellos a la vista.

Oswaldo nos estaba esperando en el coche estacionado a una manzana de distancia. Le dimos el dinero y nos comentó que íbamos a visitar a la familia de un preso político.

Esta vez, mientras circulábamos por una calle recta, empezó a seguirnos un coche de policía, justo detrás de nosotros. Mi preocupación se hizo aún más tangible. Nos siguió hasta que llegamos a nuestro destino. Cuando aparcamos, el patrullero no se detuvo. Fue el primer susto. Era solo el comienzo.

Al bajarnos del coche, Oswaldo nos indicó que no debíamos caminar juntos para no llamar la atención; nosotros debíamos ir un poco más atrás dando la sensación de turistas. No es una exageración. En Cuba existe una ley del acoso al turista, los cubanos no pueden «*molestar*» a un extranjero, a menos que éste les pregunte algo. No hay que urgar mucho para ver cómo estos regímenes desprecian a su propio pueblo, ante la mirada indiferente de tantos, en el mundo entero.

Entramos por el portal de un edificio que pertenecía a un bloque de construcciones todas iguales. Subimos dos o tres pisos. Queríamos discreción y logramos justo lo contrario. Los ocupantes de las viviendas tenían las puertas abiertas, muchos estaban sentados en los rellanos, por lo que tenían un meridiano control de quién subía o bajaba.

Nos recibió Rosa María, una mujer rubia de aproximadamente cincuenta años. Nos invitó a entrar a su casa. Indicó amablemente el sofá para que nos sentáramos y nos ofreció café. Empezó a relatarnos cómo los Servicios de Seguridad del Estado habían intentado chantajearla para que delatara a los miembros del *Movimiento Cristiano Liberación,* de lo contrario la amenazaban con meter a su hijo en la cárcel. Como ella no cedió, Yosvany, su hijo, estaba injustamente en prisión. Él había regresado a Cuba después de un tiempo fuera y ésta fue la excusa que utilizaron para encarcelarle. Contó lo que significa sentir la vigilancia permanente, el horror a que puede llegar un régimen totalitario al encarcelar, sin motivos, a tu hijo por no delatar a los compañeros. Descubrí lo que es el dolor de una madre rota.

Después de conversar con Rosa María, Oswaldo nos indicó cómo regresar al hotel Sevilla. Durante el trayecto habíamos acordado que quedaríamos al día siguiente, donde siempre, a las seis de la mañana para iniciar el viaje a Santiago de Cuba. En dicha ciudad, buscaríamos un hotel donde alojarnos. No podíamos dormir en la misma iglesia que él. Sería sospechoso. Nos despedimos. Después de comer nos volveríamos a ver para cerrar todos los flecos del viaje.

Aron y yo coincidíamos en el respeto que nos provocaba el viaje a Santiago de Cuba. Sabíamos –habíamos comprobado– los seguimientos que realizaban a Oswaldo Payá. Nos inquietaba el último susto que le habían dado hacía solo un mes.

Avisanos a nuestros amigos en Madrid y Suecia y Cayetana nos informó vía sms de que nos había conseguido hotel en Santiago de Cuba.

Al volver a reunirnos con Oswaldo, le contamos que todo estaba listo y que en nuestros países ya sabían que al día siguiente viajaríamos al oriente de la isla.

Regresamos al hotel y al aparcar me volvieron a identificar, a cobrar de nuevo por aparcar y, esta vez, nos pusieron un papelito en el limpiaparabrisas.

Eran apenas las seis de la tarde, comenzaba el crepúsculo. Sobre La Habana caía la noche con esa doble insistencia de la oscuridad añadida por las farolas apagadas. Decidí ir a dormir bien temprano, pensando en el largo viaje que nos esperaba, sobre todo a mí, que iría conduciendo.

Preparé una pequeña mochila con una muda de ropa y me deslicé lo más sereno posible en la cama. Cerré los ojos sin saber, no podía saberlo, que hasta pasados seis meses no volvería a dormir confiado y cómodo sobre un colchón.

No existe la casualidad y lo que se nos presenta como
azar surge de las fuentes más profundas.

4

En la carretera

Estamos acostumbrados a escuchar noticias sobre secuestros a cooperantes, personal diplomático o simplemente a turistas. Es frecuente que estos hechos se produzcan en África o Oriente Medio. A las víctimas se las obliga a grabar vídeos. Podemos escuchar cualquier cosa: críticas a sus países de origen, loas a los regímenes totalitarios de los secuestradores y, en la mayoría de los casos, solicitud de un sustancioso pago por el rescate.

Exactamente así me sentí antes de entrar «*en escena*» y grabar el vídeo que mis carceleros exigían: como el secuestrado obligado a mentir, a «*confesar*» con una mano en el pecho, que dos hombres habían muerto en un accidente del que yo era el único responsable. A semejanza de los secuestrados de esos lugares inhóspitos, tendría que negar la verdad y autoinculparme ante los ojos del mundo.

Me vestí con el polo preparado para mí. Lo acepté como una especie de disfraz. En rigor, era un disfraz: un polo limpio, con aspecto inofensivo y desenfadado. Tenía la cara hinchada como resultado de los sedantes que no dejaban de suministrarme y los golpes que había recibido en la cama del hospital.

Cuando por fin volvió a abrirse la celda, el militar me miró de arriba abajo, como un director de escena que estudia a su actor, intentando comprobar que estaba adecuadamente vestido, que cada detalle del decorado era digno de un espectáculo bien hecho; evidentemente, les interesaba que la grabación tuviera la mayor credibilidad posible. Como para cualquier otro ejercicio de sutileza «dramática», en aquél se precisaba de la mayor naturalidad. Yo era un preso, pero un preso en Cuba, así que debía dar la impresión de hallarme confiado y dispuesto a expiar mi culpa.

El oficial me condujo más allá de la zona de los calabozos, hasta una sala donde me esperaban cinco o seis militares y una cámara sobre su trípode. Todos ellos tenían un semblante serio, amenazante. Opté por mostrarme lo más alicaído posible. Tenían que pensar que no tramaba nada. Si descubrían que decía algo impropio o que intentaba lanzar algún mensaje oculto estaba perdido.

Me indicaron una silla y me ordenaron sentarme. Detrás de mí, se abría una tramoya de cortinas. A ambos lados, en butacas cómodas, se apoltronaron ellos. Habría jurado que me hallaba en el despacho de uno de los jefes del destacamento militar de Bayamo. La situación de la mesa y el resto de la decoración no parecían improvisados. Sin duda tenían prisa en obtener una confesión de una situación que se les había ido de las manos y de la cual me tenían que culpabilizar lo más rápido posible. Cuando entré, me recitaron la versión oficial, aquella que, por supuesto, debía yo repetir ante la cámara, para el público internacional.

Fueron necesarias muchas tomas. Decía más de lo justo, de lo que ellos querían y debía limitarme a exponer exactamente lo que ellos esperaban. Además, aspiraban a que todo saliera en una sola secuencia para que tuviera un carácter auténtico. Cada vez que me equivocaba, o lo fingía, empezábamos de nuevo. Terminaron por escribir en un papel el texto exacto que debía repetir ante la cámara. Recuerdo que durante las primeras grabaciones, decía el cargo político en un tono de voz más bien bajo, como restándole importancia. Ellos, en cambio, mostraban verdadera obsesión porque dejara clara mi pertenencia al *Partido Popular* de Madrid. Concedían gran importancia a que el receptor del mensaje me identificara como un alto dirigente de los jóvenes madrileños, algo que en realidad yo no era. Sin embargo, ellos así lo creían. Ya habían visto la foto que llevaba en el móvil con Cospedal, secretaria general del partido, y con Aznar, expresidente de España. Descubrí que esa instantánea tomada pocos días antes de viajar a Cuba iba a ser utilizada en mi contra. Esa imagen me situaba como un líder político a sus ojos. Toda la importancia que me adjudicaran, actuaría en contra en esta ocasión.

En cada toma me abría y cerraba los botones del polo. Pretendía así que alguien tuviera la suspicacia de interpretar que el vídeo no era una confesión espontánea y continua. Ellos nunca se dieron cuenta, y a día de hoy, se puede comprobar que tuve éxito en esta argucia.

Entonces cometieron un error que, claro está, no corregí. Me hicieron utilizar términos que en España no se emplean. Dije «*accidente de tránsito*» cuando, los españoles empleamos «*accidente de tráfico*». Estos detalles, servirían para demostrar, en el futuro, que estas palabras fueron expresadas bajo coacción y que es imposible que fueran fruto de mi propia voluntad al utilizar vocablos que en mi país no existen.

Al terminar la grabación me pidieron firmar una declaración escrita, completamente inculpatoria. Aproveché para aliviar ciertos término que me culpaban y firmé el papel de forma ilegible de tal manera que, al compararla con mi firma real, se evidenciara que estaba siendo forzado.

Intentaron tranquilizarme diciéndome que al día siguiente recibiría una visita de mi embajada. La noticia no alivió mis temores. La verdad: temía por mi vida. Pensé que al volver a la celda, algo ocurriría. Si ya tenían una confirmación en toda regla de la versión oficial, ¿por qué no eliminarme? Ahora solo era un estorbo. Si algo sucedía, podría achacarse a un error, a una reyerta con otro preso, cualquier excusa podía servir. Al fin y al cabo, ya tenían un vídeo grabado.

Como cualquier condenado, mi ilusión era ver la llegada del día siguiente, recibir información o instrucciones sobre qué hacer. Hasta el momento, solo era una presa enjaulada, a merced de los militares del totalitarismo castrista. No había vuelto a tener contacto con el mundo exterior y desconocía todo lo que se hablaba sobre la muerte de Oswaldo y Harold.

Al regresar a mi celda y, como era de esperar, mi compañero, presunto preso, preguntó exhaustivamente acerca de la filmación. Le conté que había narrado lo sucedido en un vídeo. Tuve cuidado en no revelar detalles. Afirmó, recalcando con énfasis que había hecho lo correcto, que la pesadilla acabaría pronto. Que a Cuba no le interesaba tener a un europeo preso porque eso añadiría más presión internacional. La isla se encontraba en una situación dramática también en el aspecto económico y no quería tener sanciones ni problemas con el turismo. No entendía cómo podía mostrarse tan categórico acerca del futuro pero decidí, sin más opciones, que quizá fuera verdad lo que decía.

Me tumbé esperanzado, dormí convencido. Pensé que quizá, al día siguiente, aparecería el embajador español y lograría sacarme de allí.

❀ ❀ ❀

A las cinco y media de la mañana todavía era de noche. Sonó el despertador. Había dormido muchas horas y lo noté. Estaba muy descansado. Desperté a Aron y cogimos una pequeña mochila cada uno con la muda necesaria para dos días. Bajamos al vacío vestíbulo del hotel. Los turistas dormían todavía.

Cogimos el coche. En el punto de encuentro, puntuales, nos esperaban Harold y Oswaldo. Antes de salir a la carretera, Payá rezó en voz alta. No olvidaré nunca esa imagen tranquilizadora. Ignoraba que exactamente a esa hora uno de los tuiteros oficiales del Régimen escribía en la red que Oswaldo se iba de vacaciones a Varadero. Es decir, justo la información que yo había dado el día anterior a la cajera de la casa de cambio. Y lo hacía con la impunidad del que se siente seguro, del que sabe cazador de una presa fácil, indefensa.

Estábamos siendo monitorizados por la seguridad del estado y cometieron la imprudencia de evidenciarlo ante el mundo. ¿Cómo sabían que salíamos de viaje en ese preciso momento? ¿Por qué precisamente Varadero, el destino que yo había utilizado, para despistar, el día anterior?

El viaje comenzaba con malos augurios. Ese tuit continúa siendo, hoy en día, una prueba irrefutable de que en ese momento ya estábamos siendo radicalmente controlados.

Cuba tiene montado un tenaz dispositivo de *trollers* en las redes sociales para tergiversar, hacia el exterior, la realidad cotidiana. Si fueran ciertas las noticias que suelen emitir esos perfiles oficiosos, acusando a Estados Unidos de estar detrás de cualquier persona que se revele a la Dictadura, la CIA tendría destacados en la isla más agentes que en el resto del mundo entero: desde las Damas de Blanco, hasta los blogueros independientes; desde el exiliado que decide expresarse, hasta el último simpatizante que comienza a reconocer a ese gobierno, por lo que verdaderamente es: una dictadura totalitaria. El modo de desacreditar a los que no comulgan con las ideas castristas, es decir que son agentes de la CIA y cobran de ella. «*Todos están al servicio del enemigo imperialista*».

Oswaldo me guió a través de La Habana hasta que llegamos a las llamadas *Ocho Vías*. Una carretera que comenzó a construirse a mediados de los años setenta y que nunca llegó a terminarse, como tantos y tantos proyectos «*revolucionarios*». Detenida, dicen, por la falta de recursos que provocó la desintegración de la Unión Soviética y el resto del bloque socialista. De más está decir que el fin de la Guerra Fría fue un golpe durísimo para el estado cubano. De cuatro carriles por cada sentido, la *Ocho Vías* es monótonamente recta, sin curvas que modifiquen el paisaje. Al transitar por allí, me percaté de que no circulaban apenas coches.

En esa primera parte del viaje, Oswaldo habló acerca de la historia del *Movimiento Cristiano Liberación*, de su lucha por los derechos en Cuba, sus experiencias y su ideología. A mi vez, conté sobre la complicada actualidad española. Harold y yo nos turnábamos la traducción al inglés para que Aron pudiera entender, aunque en realidad el sueco iba dando cabezadas durante todo el trayecto.

A medida que nos adentrábamos en el interior de la isla, menos coches había en la carretera. En cambio, cada vez descubríamos más bicicletas y carros tirados por caballos. Además, encontrar gasolineras a lo largo de Cuba es una tarea peliaguda. Hay que estar atento para repostar y al tanto de cada surtidor disponible.

El paisaje era selvático, el marabú africano cubre miles de hectáreas de tierras improductivas, dando la sensación de que la tierra nunca hubiera sido explotada o cultivada. Pero esto no siempre fue así. A falta de trabajar la tierra, en Cuba más de la mitad del terreno cultivable está infestado de marabú. Oswaldo nos contó muchas de las disparatas ideas de Fidel Castro que acabaron con los campos de azúcar y otros cultivos. Me llamó especial atención la prohibición de la matanza de vacas por sus legítimos dueños. Antes de hacerlo había que venderlas al Estado. ¿Cómo decirle a un campesino que por el sacrificio de una res, que le pertenece, el Gobierno puede encarcelarle durante muchos años? ¿Hasta dónde puede ser de aberrante la práctica comunista donde el Estado es dueño y señor de todo, y donde solo él puede decidir en qué invertir? La pobreza social elevada a dogma político.

En la carretera, encontramos varios puestos de control policial del tráfico. Así como en los países en conflicto se ponen barreras y garitas para controlar el paso de vehículos y personas, en Cuba hay instaladas casetas a ambos lados de la carretera, que obligan a reducir la velocidad, mientras de manera supuestamente fortuita se chequea a los viajeros. Todo ello relacionado con la prohibición que tienen los cubanos del interior a instalarse en la Ciudad de La Habana, sin previa autorización.

Habíamos recorrido más de la mitad de las *Ocho Vías* que conducen al oriente de la Isla y el indicador del depósito se acercaba a la zona roja. Decidimos detenernos en la siguiente gasolinera. Como estaba en sentido opuesto, para acceder a ella nos vimos obligados a realizar un cambio de sentido en un puente al lado de un punto de control. Al acercarnos, notamos que nos observaban. Cuando estábamos tomando la rampa para cambiar de sentido, un coche patrulla salió del control y realizó el cambio de sentido detrás de nosotros. Descendí el puente y estacioné junto al surtidor. El coche de la policía se detuvo en paralelo, en la zona de la carretera, no dentro de la gasolinera.

Dejé que Oswaldo repostara gasolina y me alejé del coche. Estaba seguro de que en cualquier momento se bajarían para detenernos. No era lógico que parasen en mitad de la nada y se limitaran a observar qué hacíamos nosotros. Tenía el móvil en la mano: tan pronto abrieran la puerta de la patrulla, llamaría a España para avisar. La sensación de peligro, de vigilancia, de no saber en qué momento te van a abordar, es extraordinariamente angustiosa.

Nos incorporamos a la carretera. El coche de la policía realizó idéntica maniobra, solo que luego, contra cualquier pronóstico, continuó de largo, sin cambiar de nuevo de sentido como hicimos nosotros.

En el momento en que terminan las *Ocho Vías* hay que tomar la antigua *Carretera Central*. Esto tiene lugar después de haber atravesado la zona central de Cuba. Ahí comienza el oriente de la Isla.

Encontrábamos pueblecitos que evidencian la irremediable decadencia cubana, el fracaso de una política económica que ha convertido a uno de los países antaño más prósperos de la región, en uno de los más desdichados. Callejuelas polvorientas, casas venidas a menos, y la gente siempre sentada, sin nada que hacer, en una fuerte atmósfera de inutilidad y desánimo, en medio del hermoso paisaje del campo caribeño. Ambiente desesperanzado y desesperanzador.

A pesar de eso, o quizá por eso, seguimos aprovechando para dialogar sobre muchos temas –no solo políticos–, intercambiando puntos de vista; al fin y al cabo éramos un sueco, un español y dos cubanos, opuestos al Régimen, metidos en un coche, en medio de la nada.

En la antigua *Carretera Central* se redujo aún más la frecuencia con que encontrábamos otros coches. Después de pasar algunos pueblos, nos dimos cuenta de que venía siguiéndonos un Lada color rojo. Circuló tras nosotros durante un considerable tramo del camino. A decir verdad, no nos preocupó en exceso: era bastante viejo. Y debo aclarar que debido a la tipología de carretera, ninguno de los dos coches podía ir a velocidad excesiva. Oswaldo era extremadamente responsable y cuidadoso, aun cuando hubiéramos querido ir muy rápido él no lo hubiera permitido, y además, nosotros debíamos extremar el cuidado para no dar motivos a que nos detuvieran. Si así ocurría sería complicado explicar para Aron y para mí el motivo de nuestro viaje y, sobre todo, quiénes iban con nosotros.

Pregunté a Oswaldo si era habitual que nos siguieran por sitios tan recónditos. Respondió con una rotunda afirmación. Me tranquilizó, me dijo que mantuviera la calma. Oswaldo Payá y Harold Cepero ya no se inquietaban por esas manifestaciones de fuerza. Explicaron que se trataba de una táctica usada por los cuerpos de seguridad del estado, que solo procura alertar. *«No olvides que estamos aquí»*, parecía decir el mensaje.

Durante el camino, Oswaldo continuaba descubriendo, para nosotros (o al menos para mí) la cada vez más triste historia del siglo XX cubano. Una Cuba llena de incertidumbres, de miedos y silencios.

Oswaldo me habló sobre la necesidad de celebrar un plebiscito entre los cubanos para reconocer sus derechos y libertades fundamentales. También sobre las continuas presiones que sufría y sobre las repetidas amenazas que había recibido: le advertían que moriría antes que los tiránicos hermanos. Volvimos a parar y repostamos de nuevo combustible. Era una gasolinera que tenía un cohete encima, y un letrero con el título de *Sputnik*, sin duda una huella de las excelentes relaciones de Cuba con la antigua URSS. Ya era la hora de la comida pero allí no había cafetería. Decidimos continuar la marcha mientras probábamos unas galletas que habíamos comprado hasta la siguiente gasolinera que viéramos con bar.

Al poco tiempo, nos encontramos con una cafetería anexa a una estación de repostaje. Tomamos unos sándwiches y unos refrescos. Antes de volver a entrar en el coche, Oswaldo vió un vendedor de CD's de música; compró dos: uno de los Beatles y otro de música española. Reanudamos el trayecto con música del grupo de Liverpool, tranquilos hasta que nos percatamos de que un coche de color azul, de los más nuevos que habíamos visto hasta entonces, circulaba obstinadamente a nuestra zaga.

Miré por el retrovisor. Vi a dos ocupantes. Oswaldo y Harold se giraron también. Revelaron con rotundidad que eran de «*La Comunista*». Así es como llamaba Harold a los

Cuerpos de la Seguridad del Estado. Por el color de la matrícula en Cuba se identifica la titularidad de los automóviles. La suya era azul: un coche estatal. Pregunté qué debíamos hacer. Me aconsejaron que continuara, que no diéramos motivo alguno para que nos detuvieran. Ya nos habían seguido previamente y no había pasado nada.

Sin embargo, el coche se seguía acercando excesivamente; tanto, que podía ver los ojos de sus ocupantes clavados sobre nosotros. Sentí miedo. Nunca me había visto en una situación semejante. No supe qué iban a hacer, si adelantarnos o darnos el alto.

Seguimos a velocidad constante; circulábamos por una carretera secundaria, casi por un camino, lleno de baches. El coche azul se acercó más y más. Se nos echó encima. Sentí un golpe fuerte y un sonido seco, metálico. Perdí el control del vehículo. Es lo último que recuerdo.

Ya se me cierran los ojos.
En medio de la noche
alguien se ahoga.

«Insomnio»,
Marina Tsvetaieva

5

Hospital de Bayamo

Desperté sin saber cuánto tiempo había pasado desde la grabación del vídeo. Como la luz estaba siempre encendida, me las ingeniaba para taparme los ojos con el polo. Había decidido no llevarlo puesto: el calor y la humedad eran permanentes, insoportables.

Apareció un militar con dos trozos de pan y algo parecido a un zumo a modo de desayuno. Uno para mí y otro para el supuesto preso de la celda. Tragamos el pan casi sin masticar, aun cuando era una hogaza dura, como del día anterior. El zumo nos lo bebimos en un santiamén.

Volví a quedar dormido. Me despertó un estruendo. Dos militares daban golpes en los barrotes. Reclamaban que fuera con ellos y obedecí. No pude resistirme, tampoco habría servido preguntar. Salimos de la zona de celdas e incluso pasamos por el exterior. Accedimos a una sala llena, donde, ante mi asombro, se hallaba el cónsul auxiliar de España, la cónsul Emérita de España en Santiago de Cuba, el encargado de seguridad de la embajada española y tres militares cubanos. Sentados en línea y enfrentados: de un lado, los españoles; de otro, los cubanos. Me senté entre los cónsules y tuve, por primera vez, la certeza de que saldría de allí. El cónsul comentó que intentarían repatriarme lo antes posible, había hablado con mis allegados de España, incluso con diputados conocedores del viaje a la isla.

Ignoro cómo conseguí que, en algún momento, el cónsul me dejara su teléfono. Pude llamar sin que me lo impidieran. Recuerdo la emotiva conversación. Solo pedía, a quien estaba al otro lado de la línea, que por favor, me sacaran de allí cuanto antes, él comenzó a preguntar acerca de cuanto había sucedido. Solo podía responder con monosílabos: tenía delante a los militares cubanos. Preguntó si había sido un accidente, si nos habían sacado de la carretera, si me habían hecho daño. Respondí la verdad a cada una de las preguntas. No, no había sido un accidente, nos habían sacado de la carretera y nos habían enbestido. Además me habían pegado. Insistió que hiciera todo lo posible para que no me metieran en la cárcel. Se cortó la llamada. Nunca más hablaría con él hasta regresar a España.

El cónsul insistió en aconsejarme tranquilidad, el Ministerio se encontraba al tanto de todo e iban por buen camino las gestiones entre los gobiernos.

Los cubanos, por su parte, avisaron de que al día siguiente me trasladarían a La Habana. ¿Adónde? Un largo silencio tuve por respuesta. La reunión se disolvió y me volví a quedar solo con mis captores.

Ya era la hora de comer, y tras haber vuelto a mi celda, abrieron la puerta y nos llevaron a una sala que, según parecía, hacía de cocina. Había dos presos descalzados que estaban limpiando y que hacían de improvisados cocineros. Nos dieron una bandeja con arroz y pollo. No podía comer pero sentía que si no lo hacía, pronto me desmayaría de debilidad. Así que me tragué el arroz e intente separar un poco de carne del hueso pero perdí pronto el apetito puesto que estaba crudo por dentro. Me acordé de la comida del día anterior cuando todavía no estaba en el calabozo sino en las salas donde me dejaban encerrado. Un mayor del ejército me había llevado a una especie de cantina donde me dieron carne de cerdo frita. Debí habérmela comido toda.

Aún con hambre, volví a la celda y me tumbé a esperar a que llegara el día siguiente y me llevaran a La Habana. Ya no tenía esperanza de nada. Solo resignación por lo que me iba a pasar.

❈ ❈ ❈

Cuando recobré el sentido después de la colisión, ya estaba escoltado por dos personas que me introdujeron en una camioneta con puertas correderas. Desde luego que no eran «guajiros» que son como se llama en Cuba a la gente del campo. Eran fornidos y tenían un gesto serio, preocupado. No estaban alarmados como lo estaría cualquier cubano que rescatara a un extranjero de un accidente. Había algo más detrás de aquellos rostros. Estaban definitivamente cumpliendo una misión.

Caminábamos sobre suelo firme, no había humo ni restos de cristales. Tampoco personas alrededor. Solo la furgoneta hacia la que me trasladaban agarrado. No pude mirar atrás. No se escuchaba ruido ni nadie hablando. Al subir pregunté: «*¿Quiénes sois vosotros y qué nos estáis haciendo?*» Me agarré al respaldo del asiento del copiloto y me incliné hacia delante para poder verles. Entonces, incomprensiblemente, volví a perder la conciencia.

Abrí los ojos en el momento en que la furgoneta se detuvo frente a un hospital ruinoso. Me sentí en mitad de la nada, en el interior de Cuba.

Estaba aturdido, temeroso. Había escuchado muchos horrores de la dictadura cubana, de sus enrevesadas manipulaciones. Había leído sobre la ocupación masiva de la embajada de Perú que dio lugar al éxodo del Mariel en 1980. Entonces el gobierno de Cuba abrió sus fronteras y provocó la huida de más de 125 mil personas en busca de las costas de Miami. Una idea diabólica e irresponsable. Todo aquel que optaba por la opción del exilio era sometido al acoso físico y mental de sus coterráneos. Los llamados batallones de respuesta rápida organizados desde el gobierno reprimían sin piedad. Los cubanos cuentan que quienes venían a buscar un familiar o amigos en embarcaciones le endosaban incluso personas con problemas psiquiátricos. Eran sometidos a lo que los líderes revolucionarios llamaron «actos de repudio» que todavía perduran, y que fueron linchamientos, maneras de estigmatizar, muy semejantes a la represión usada por los nazis contra los judíos, a quienes colocaban una estrella de seis puntas en la ropa. Una limpieza en toda regla, que sirvió, además, para la represión inmisericorde de los que quedaban. Algo parecido se repitió en 1994. Con estos precedentes de represión masiva qué podía esperar para mí.

Me bajaron agarrado y entramos. Los ciudadanos que allí estaban eran ajenos a lo que estaba pasando. Miraba a la gente esperando ver algún gesto en ellos que me permitiera pedir auxilio. Me tumbaron en una camilla, pero yo me negué. Quería saber lo que estaba pasando. No tenía nada como para ser hospitalizado y quería saber dónde estaban mis otros compañeros. Finalmente recostado en una camilla una enfermera me condujo al interior.

Tenía una brecha en el lado derecho de la cabeza de la que no me había percatado. Cuando ahora recapitulo acerca de esos momentos es más que probable que fuera fruto del golpe que me dieron y que me hizo perder el conocimiento en la furgoneta. Lo que no tenía era ningún corte de los posibles cristales; tampoco magulladuras, bastante sorprendente para el supuesto accidente que se supone había ocurrido. Estaba desorientado. No sabía, no podía entender lo que pasaba. No llevaba la mochila, tampoco el teléfono móvil. En la sala en la que me encontraba era el único paciente. Entraban y salían enfermeras.

Giré la cabeza, una militar vestida con uniforme del Ministerio del Interior preguntó, primero, qué había pasado. Expliqué la verdad: «*nos habían embestido con otro coche y sacado de la carretera».* Se limitó a tomar notas y me las dio a firmar.

Entonces, creo, comencé a comprender la situación.

Estaba solo, no tenía a quién pedir ayuda; carecía de teléfono, pasaporte, dinero. Pregunté a una enfermera dónde se encontraban mis compañeros. Respondió que los otros tres pasajeros estaban llegando al hospital.

Pasó bastante tiempo.

Conforme iban pasando enfermeras preguntaba lo mismo, una y otra vez, las mismas preguntas cuyas respuestas resultaban en cada ocasión menos alentadoras. Al principio, me hablaron de los cuatro del coche; y que estaban a punto de llegar también al hospital. Eso me tranquilizó relativamente. Si yo era el primero en llegar y estaba bien, los demás estarían en perfectas condiciones. Siempre se llevaba al herido más grave al hospital primero. Sin embargo, más tarde, ya solo decían que íbamos tres en el coche. Finalmente, se referían a tan solo dos personas.

En algún momento, se abrió una puerta y apareció una camilla con Aron; lo situaron a mi lado.

-Dios mío, Aron -exclamé en inglés. Nos han dado por detrás y nos han sacado de la carretera. Nos van a matar.

-Probablemente -replicó.

Nunca olvidaré esta respuesta. Necesitábamos llamar, teníamos que alertar sobre nuestra situación. Le pedí su móvil, él sí lo conservaba.

Llamé a Cayetana. No se oía bien, la llamada se cortaba una y otra vez. No obstante, conseguí hacerme entender, debía estar al tanto de la gravedad de la situación, estábamos en un hospital. Pude hablar también con mi amigo Borja. Los siguientes intentos de llamar fueron infructuosos. Devolví el móvil a Aron, quien también intentó comunicarse con sus amigos en Suecia.

Entonces, Aron me entregó dos teléfonos móviles, de los antiguos, los usados por Oswaldo y Harold. No pregunté cómo los había conseguido. A día de hoy sigue siendo un enigma cómo estaban en su poder. Intenté llamar con ellos pero fue imposible. Me los guardé en los bolsillos del pantalón.

Una enfermera seguida por un grupo de militares nos separó. Me condujeron a una sala rectangular donde había más camillas y personas. De allí me llevaron a hacer radiografías de cabeza y tórax. Los aparatos radioactivos eran como en los hospitales de principio de los años sesenta. Repitieron varias veces las pruebas, decían que fallaban. Cada vez tenía más pavor a que me sometieran a rayos, una y otra vez, con la excusa del error.

De vuelta a la sala común, me colocaron una vía y un gotero. Me sacaron sangre. Todo tenía un aspecto muy rudimentario. Volví a preguntar a las enfermeras para intentar obtener mayor información. Una de ellas respondió que tenían prohibido hablar conmigo. Estaba tumbado pensando en cómo saldría de allí, cuando un grupo de militares rodeó mi cama.

Uno de ellos me habló y afirmó categórico que no se trataba de una colisión. Ningún coche nos había dado un golpe. Cuanto yo afirmaba sencillamente no había sucedido. Por supuesto, repliqué, que era mentira, que no había ocurrido ningún accidente, sino un ataque flagrante. Me golpeó en la cara. Con tono calmado, que contradecía los bofetones, recalcó: «*eres muy joven para quedarte en la isla durante años, debes decidir si colaboras o no. Te podremos tratar bien o mal, pero solo tú serás el responsable. De tu confesión dependerá tu futuro*».

Otro militar se identificó como el «*perito de Cuba*». Me explicó que no fuera tonto, que si colaboraba estaría a salvo. Recitó la versión oficial, la que tendría que aprenderme y repetir: «*íbamos circulando a mucha velocidad y caímos en un terraplén, frené porque había un bache y, por tanto, perdí el control de vehículo*».

Repetí una y otra vez la versión del «*perito de Cuba*» mientras rompían mi primera declaración. Tuve que firmar la «nueva versión» de los hechos. Con firma aparatosa, diferente a la anterior, intenté que cualquier persona pudiera descubrirlo: no era mi firma y no estaba en disposición de decidir si firmar o no.

Con cámara en mano, un nuevo militar apareció para grabar cada movimiento. Para devolverme la mochila, exigieron enumerar cada uno de los objetos que había dentro. Los identifiqué y la tiraron a un lado de la cama.

Empezaba a preocuparme tanta grabación. Indagaron por mi relación con Aron: cuándo le había conocido, por qué estábamos allí. Mentí. Nos conocimos en la universidad, expliqué, y estábamos de turismo. No pretendía comprometer a nadie. Quizá, con absurdo optimismo o la mayor ingenuidad y desconocimiento de lo que significaba la policía secreta de Cuba, confiaba todavía en que no supieran quiénes éramos.

Me dejaron bajo vigilancia.

Una nueva enfermera volvió a sacarme sangre para un análisis de alcoholemia. Daría negativo, no había consumido ningún tipo de alcohol, aunque cabía la posibilidad de que adulteraran los resultados. De todas formas, no tenía opción. Miró el gotero y pinchó una jeringuilla con un sedante.

Me dominó un gran sueño. Intenté resistirme. Si cerraba los párpados caería rendido. Se estableció un fuerte duelo entre mi voluntad y el sedante.

Recuerdo que apareció una señora. Me dijo que el embajador no llegaría hasta más tarde pero que era hermana de la Cónsul Auxiliar en Cuba. Me dio una bolsa con utensilios que dijo iba a necesitar. No recuerdo bien sus palabras puesto que estaba delante un militar y yo ya estaba sedado. Me volví a dormir en seguida.

Desperté sobresaltado. Habían cambiado al vigilante, ahora se trataba de una mujer. Le confesé que estaba preocupado por los otros. Repuso que Aron estaba al final de la sala. Pedí, si era posible, hablar con él, argumentando que solo sabía inglés y que yo podría ejercer de intérprete. Replicó que no hacía falta. Entonces me la jugué. Le supliqué que me trajera el móvil de Aron, que tuviera piedad y dejara que escribiera un mensaje a mi madre. No sé si hubo un fondo de conmiseración en aquella mujer, lo que sí sé es que apareció con el móvil. Envié un mensaje a Cayetana y era una alarma: «*Socorro, estamos rodeados de militares*». Borré el texto y devolví el teléfono. Poco tiempo después regresó el otro vigilante. Me miró con fijeza, como si cada gesto mío estuviera cargado de valor o de importancia. Solo pude evitar esos ojos cerrando los míos.

Recordé que llevaba en los bolsillos los dos teléfonos que me había dado Aron al entrar al hospital. Quizá fue una locura. Estaba desesperado, como creía que iban a matarme, no quería que se llevaran ninguna información valiosa de los dos cubanos: decidí borrar su contenido y deshacerme de ellos. La dificultad era inmensa, estaba enganchado a una vía y el vigilante no perdía de vista ni el más inocente de mis movimientos. La única salida que encontré fue solicitar ir al baño, para tirarlos en alguna papelera, donde pudiera.

Cogí el gotero, mientras me llevaban hacia la puerta de madera medio rota de un baño. Fui a cerrarla y lo impidió. Le dije que iba a hacer algo más que orinar. Pude cerrarla, tenía poco tiempo y muchas dificultades. Estaba medio drogado, con un brazo inutilizado y un militar esperándome detrás de la puerta. La papelera era demasiado pequeña y estaba vacía, ¿cómo esconder dos teléfonos y pensar que no los fueran a encontrar? La ventana estaba bien cerrada; además el piso era un bajo: si la abría y los tiraba, los encontrarían con facilidad. La única posibilidad se hallaba en el váter. Abrí los teléfonos, saqué las tarjetas SIM y las tiré al retrete. Busqué la cadena de la cisterna para tirar de ella, pero estaba rota, no había forma de descargarla. Quedaban pocas opciones. Metí la mano y las empujé hasta el fondo. Me sequé con papel higiénico, guardé los teléfonos, sin las tarjetas, y salí con rapidez del baño.

Ahora me preocupaba poder encender los teléfonos y borrar los registros de llamadas y mensajes. Con todo perdido, mi único afán era proteger los datos que esos teléfonos pudieran revelar.

Aprovechando un momento de distracción del guardia metí la cabeza bajo las sábanas y empecé a borrarlo todo. Al terminar, guardé los teléfonos en uno de los bolsillos de mi mochila, que antes habían dejado junto a mi cama. Caí rendido.

En España, todo esto se vivía de otra manera. Habían llegado las primeras alarmas, gracias a las llamadas que hicimos Aron y yo. Las redes sociales ya estaban saturadas con mensajes de apoyo. Aparecían las primeras noticias que anunciaban la muerte de Oswaldo y Harold, y confirmaban que no se trataba de un accidente.

El gobierno de mi país estaba al tanto. Desde España, mis amigos hicieron la primera gestión, aquella que tal vez salvó mi vida. Llamaron al hospital. Una enfermera cubana atendió el teléfono. Les dijo que yo estaba bien, tumbado en una camilla, nada más. Sin embargo, durante una llamada posterior, contestó un militar. Sostuvo que estaba sedado e inconsciente, provocando confusión y alarma. Se comenzó a temer que en la siguiente llamada informaran de que había muerto. Por ello, localizaron rápidamente a un sacerdote de las inmediaciones del hospital y le rogaron que fuera a verme. Así lo hizo. No lo recuerdo, sé, sin embargo, que estuvo allí. Lo reportó a España y desde ese momento todos tuvieron la certeza de que estaba vivo.

Sin yo saberlo, sin que nadie lo supiera a ciencia cierta, esa visita acababa de blindarme. La *«casualidad»*, la *«razonada casualidad»*, ya no podría matarme.

Y toda la noche, sin descanso, espero la visita anhelada
moviendo los grilletes de las puertas.

«Yo he regresado a mi ciudad…»,
OSIP MANDELSTAM

6

Interrogatorios

Al día siguiente del encuentro con el cónsul, me llevaron a una de las salas de interrogatorio donde esperaba el mismo coronel que estuvo presente durante la grabación del vídeo, con el anuncio de que en pocas horas me llevarían a La Habana. Me dijo con sarcasmo: «*allí podrás comunicarte con tu amiguito y decirle que las cosas marchan bien*». Era el Coronel Llanes, el jefe de la seguridad interior de toda Cuba. Calvo, chulesco, era sin duda el perro malo de todos los operativos en los que participaba.

El coronel se refería, sin duda, a la conversación mantenida el día anterior cuando el cónsul me prestó su teléfono. Como era de suponer, lo tenían pinchado y escucharon cuando confirmé: «*todo es una farsa, no se trata de un accidente, sino de un ataque en toda regla*».

Nunca sabremos si facilitó o empeoró mi situación el hecho de que la verdad trascendiera los muros de la isla. Hay opiniones al respecto. Algunas insisten en que esto fue una de las cosas que me salvó. A Cuba se le había escapado la verdad de sus fronteras y aunque no públicamente, ya circulaba por las altas esferas políticas de mi país la realidad de lo acontecido.

Las horas se hicieron interminables. Todo lo ignoraba. Me alegré al salir de la celda. Aproveché para decirle adiós a mi falso compañero. Me respondió que estaba seguro de que mis condiciones mejorarían.

Me devolvieron la mochila con la muda de ropa. Salí, al fin, de esa horrible celda. Una vez fuera del edificio principal, justo antes de montarme en el coche, miré hacia atrás para despedirme mentalmente del cuartel de Bayamo. Creía que nunca más lo pisaría pero de nuevo estaba equivocado.

Dentro del automóvil policial, iba escoltado por dos militares. En el asiento del copiloto, el Coronel Águilas. Yo no lo sabía entonces: sería el militar de los servicios de la Seguridad del Estado encargado del caso hasta el final del cautiverio, junto con el Coronel Llanes. También él había estado en la grabación y me había interrogado numerosas veces. Con tez morena, su mirada sugería una inteligencia maquillada de astucia. Sin duda este hombre no era un novato.

Llegamos a un aeropuerto donde solo había un pequeño edificio junto a una pista de despegue. Entré en el avión, un antiguo AN-24 soviético, y me sentaron al final. Despegamos. La aeronave vibraba aparatosamente, como si se fuera a desintegrar. Me custodiaban demasiados militares. No tenía forma de saber la hora. A pesar de ello, el trayecto se me hizo corto. A punto de aterrizar en La Habana, el Coronel Águilas dijo que íbamos a *Cien y Aldabó*. Más tarde supe que a esa prisión los cubanos, ingeniosos, la llamaban «*Cien y se Acabó*».

❊ ❊ ❊

Habían pasado 24 horas desde que nos sacaran de la carretera y nos llevaran al hospital. Continuaba en el hospital tumbado en una camilla y conectado a un gotero.

Un médico y un grupo de militares me notificaron que me darían el alta y nos trasladarían, a mí y a Aron, a una unidad del ejército. Me dijeron que estábamos bien y que por tanto ya no era necesario que permaneciéramos allí. Recogí la mochila con mis cosas y fui acompañado a la salida por los militares que vigilaban ese día.

En el momento de salir vi a Aron. No pudimos hablar mucho, pero sí comprobar que estábamos en perfectas condiciones ambos. Nos metieron en el mismo coche pero tuvimos que guardar silencio. Al primer intento de hablar en inglés los militares de la parte delantera ordenaron silencio.

Llegamos al cuartel de Bayamo. Una instalación militar formada por un edificio principal, angosto, rodeado de otros más pequeños. Cuando paró el coche, nos sacaron y nos dirigieron a la entrada. Tenía dos sillones y una especie de mostrador donde merodeaban varios militares. Sin mediar palabra, subimos por unas escaleras que nos condujeron al primer piso, donde había unos descuidados despachos. Nos ubicaron en habitaciones separadas. Me dejaron solo y sentí cómo echaban el cerrojo por fuera al salir. Volvía a estar encerrado.

La sala era una especie de pequeña oficina, con dos archivadores metálicos, y una mesa; sobre ella una máquina de escribir y un ordenador antiguo. Una ventana se abría hacia la entrada al edificio.

Estuve mucho rato solo.

Luego un militar entró y me informó de que vería al cónsul auxiliar de España, que había llegado desde La Habana. Accedió a la sala otro militar más. Con una cámara de mano. Debía volver a sacar mis cosas de la mochila mientras lo grababan. Esta vez en la mochila aparecieron los dos móviles que metí estando en la camilla del hospital. Me preguntaron por ellos y les dije que no sabía cómo habían aparecido allí. Se los llevaron y nunca más se volvió a saber de ellos ni me volvieron a preguntar al respecto. Me dejaron de nuevo solo.

Al rato volvieron a abrir la puerta y esta vez sí me sacaron. En el pasillo coincidí con Aron. Nos bajaron juntos a la recepción.

Allí nos esperaban un joven alto de pelo largo, que llevaba camiseta, y una señora de aspecto nórdico y traza diplomática. Se trataba del cónsul auxiliar español y la embajadora sueca. Nos preguntaron sobre nuestro estado.

Esperaba instrucciones e información pero nada nos explicaron.

Nos mantuvimos allí alrededor de cinco minutos. Yo solo podía llorar de desesperación. Mi cónsul no decía nada que pudiera calmarme. Era grande mi impotencia. Me abracé a la embajadora y en inglés le rogué que no permitiera que nos pasara nada malo.

Despidieron a los diplomáticos y volvieron a separarnos. Me llevaron otra vez a la habitación del primer piso y poco después, a otra donde había una mujer y un militar. Ella, que decía ser la fiscal, me comunicó la muerte de Oswaldo y Harold. Ya lo temía. Había escuchado a las enfermeras hablar entre ellas pero me aferraba a la esperanza de haber entendido mal. Los sedantes me tenían atontado.

La fiscal anunció que se me acusaría por el supuesto accidente. Me hizo relatarle de nuevo la versión oficial. Cuando estuvo satisfecha dio la orden para que me retiraran. Nunca podré olvidar su aspecto mezquino. Era pequeña, con el pelo ondulado, de una maldad inolvidable. Su cara era el reflejo de una fiera que tiene cogida a su presa entre sus garras. Disfrutaba con lo que estaba haciendo. Además decía todo tipo de incongruencias amparándose en su llamado derecho procesal cubano. Yo había omitido que había estudiado derecho y solo les había contado que estudié empresariales. Por ello, me percataba de que esta manera de actuar contravenía cualquier derecho fundamental. La fiscalía era juez y parte y se disponía a crear las pruebas para sostener los cargos que me imponían.

En la habitación me esperaba otro militar para tomar una nueva declaración. El Régimen comenzaba a armar la historia: cada vez pedían detalles más precisos de lo que nunca había ocurrido. Primero me narraban los hechos, ellos mismos, como si en realidad hubiesen ocurrido y yo no los recordara, para después acabar haciéndome firmar dichas palabras.

Había algo que no entendía. Los interrogatorios eran una farsa absoluta, estaban montando el caso a su manera; sin embargo, se detenían una y otra vez en el tema político. De hecho, quien me interrogaba era el Jefe de los Servicios de la Seguridad en toda la isla y nadie relacionado con accidentes de tráfico.

En otra sala, me hicieron una prueba para ver si era yo quien había ido siempre al volante. Consistía en que tenía que ponerme un trapo en contacto con el cuerpo para que luego perros adiestrados captaran mi olor corporal y localizarlo en el coche.

Aprovecharon para hacerme fotografías y me llevaron a comer con otro militar. La comida era un arroz con judías y un trozo de carne frita de cerdo que apenas probé. Me hicieron pruebas médicas, midieron mi tensión, hicieron que tomara pastillas que supuse eran relajantes o sedantes.

Al anochecer me condujeron de nuevo a la planta baja. Junto a la entrada, había una especie de habitación que servía de vestuario, con un baño. Dormiría allí. Como era de esperar, caí en un sueño profundo. Al día siguiente, me entregaron un cubo de agua por si quería ducharme o usar el baño. La cisterna del váter tampoco funcionaba. Después de vestirme me trasladaron a la habitación del primer piso.

Por la ventana, vi al cónsul del día anterior, que entraba en el edificio. Supuse que vendrían a buscarme. No sucedió. Volví a verlo salir de la zona principal para regresar al coche. Desesperado, grité. No escuchó. Sí lo hicieron, en cambio, los militares que me custodiaban. Ordenaron que estuviera alejado de la ventana y advirtieron que si se me ocurría gritar otra vez, tendría que atenerme a las consecuencias.

Durante los nuevos interrogatorios, solo me preguntaban por temas políticos: quién nos había enviado, quién lo sabía, qué íbamos a hacer allí. Me devolvieron el móvil para que lo desbloqueara y tener ellos acceso a la información guardada. Aproveché para intentar borrar mensajes y correos electrónicos, pero me descubrieron y volvieron a abofetear.

En los primeros momentos me resistí a contarles nada sobre el objetivo del viaje. No quería que relacionaran al partido, o a alguno de sus miembros, con éste. Repetí, siempre repetí, que la decisión era mía, que nadie conocía de mi viaje a Cuba. Mentira. Ellos sabían que mentía tan bien como yo.

A medida que desde España llegaba más información, se acentuaba la presión para que confesara. Querían que les dijera exactamente cuánto sabía de la organización de este tipo de viajes, de quiénes conocían sobre ellos en mi partido y a quiénes se contacta en Cuba.

Tal era la presión que, en una de las sesiones que se desarrollaban en pequeñísimas salas fuertemente refrigeradas y con una cámara de grabación, decidí decir el nombre de un amigo en lugar del de la persona que me había puesto en contacto con la ONG que organizaba el viaje. Fracasé y fue un riesgo gratuito. En el siguiente interrogatorio ya sabían el verdadero nombre y advirtieron que no se me fuera a ocurrir ocultarles información o engañarles, porque yo estaba en sus manos. Además hacían simulacros de interrogatorio y luego escribían lo que ellos querían.

Al día siguiente, me hicieron firmar otro papel que ni siquiera leí. Una declaración más en la que seguro añadían otros datos que corroborasen su versión. Después de eso me indicaron que recogiera mis cosas. Vino de nuevo el Teniente Coronel Águilas, quien se había encargado de prácticamente todos los interrogatorios. Dijo que tenía que rubricar otra hoja, esta vez la de mi detención. Me iban a meter en la cárcel. Justo lo que durante los interrogatorios habían dicho que no harían, si colaboraba. Justo lo que me advirtieron que tratara de evitar a toda costa. Había fracasado. Una vez más era engañado para conseguir mi docilidad y otra vez me vi andando a través de un pasillo oscuro sin esperanzas.

Cruzamos una puerta enrejada. Había una especie de garita donde me hicieron dejar la mochila, y me quedé tan solo con la bolsa que la cónsul me dio en el hospital. Cruzamos un corredor con celdas a ambos lados de las que salían manos de personas que estaban allí hacinadas. Entre el hedor y los bichos caminamos hasta el lugar donde comenzó esta historia. En aquel calabozo permanecí durante los días previos a que me condujeran a la cárcel de La Habana. Allí estuve recluido antes de grabar el vídeo autoinculpatorio. Fue donde creí tener la certeza de haber pasado los peores momentos de mi vida. Pero ni por asomo fui capaz de sospechar lo equivocado que estaba. Ni en mis peores pesadillas hubiera imaginado lo que me esperaba en la cárcel de *Cien y Aldabó*.

–¿Por qué no ha entrado? –preguntó.
–Porque no puede –respondió el vigilante alto
–Usted está detenido.
–¿Cómo puedo estar detenido y, además,
de esta manera?

«Aforimos»,
FRANK KAFKA

7

Cien y Aldabó

Salí el último. Cuatro agentes de la seguridad custodiaban el coche que estaba esperando en la pista de aterrizaje. Habíamos llegado a La Habana dejando atrás el horrible calabozo de Bayamo. El Teniente Coronel Águilas subió en otro vehículo con los cristales tintados. El trayecto fue largo, cruzamos parte de la ciudad hasta que por fin llegamos a un complejo de edificios a medio construir, donde podían verse esqueletos de hormigón y acero. Más adelante lo pude confirmar: se trataba de la cárcel de *Cien y Aldabó*.

Pasamos una baliza accionada manualmente por un joven militar que esperaba en la garita de acceso e ingresamos en medio de dos edificios. Al final, entramos en una construcción que tenía forma de pirámide maya: tres o cuatro plantas escalonadas, donde la primera era la más ancha. En la entrada, tras una puerta con barrotes se encontraba el puesto de control donde unos militares inspeccionaron minuciosamente mi mochila e hicieron que firmara gran cantidad de papeles.

Esperé en una sala infestada de mosquitos. De hecho intentaron encender un aire acondicionado que no funcionaba para ahuyentarlos. Separado por un pequeño muro se encontraba un retrete y un lavabo, ambos sin haber sido limpiados en meses. Ésa fue mi ceremonia de entrada en prisión.

Mucho tiempo después, entraron el Teniente Coronel Águilas, un coronel y un médico, también militar... El Coronel se presentó como Castro. Un típico militar fondón que dijo ser el jefe de la unidad. El médico resultó ser el más amable. Iba vestido con una bata y solo al cabo de los meses descubriría que también era un teniente coronel.

Según ellos, permanecería allí pocos días. Ésa debería ser una prisión provisional, a la espera del juicio y la condena, que con toda seguridad, se iba a imponer. Luego, estaría destinado a otra cárcel para extranjeros conocida como *La Condesa*.

Durante los próximos seis meses, sin embargo, nunca saldría de allí.

Subimos al primer piso. Contaba con rigurosas medidas de seguridad. Las puertas estaban cerradas con gruesos candados, y los militares recordaban a personajes de las películas de los años cuarenta y cincuenta. Llevaban anillas enormes con cuantiosas llaves colgando.

Pasamos un largo pasillo de celdas donde no se escuchaba ningún ruido. Se hubiera dicho una cárcel vacía. Más tarde supe que, en efecto, estaban vacías: habían aislado el primer piso, el más grande, para que no tuviera ningún tipo de contacto con nadie que ellos no desearan. A todas luces, me otorgaban una desmedida importancia.

En mi celda, la última del corredor, encontré dos personas. Parecía sorprendente que el pabellón estuviera vacío y justo en mi celda hubiera dos presos más. Uno era un joven fornido, moreno de piel; el otro, delgado y de tez blanca. Parecían dos muestras del mestizaje racial de la Isla.

Cuando se cerró la puerta tuve la percepción de que necesitaría muchas fuerzas para poder sobrevivir, física y psicológicamente. Sobre todo psicológicamente.

La celda, a la que llamaban «*especial*», de algún modo lo era, puesto que poseía mejores condiciones que las destinadas a los cubanos. Hablo de un habitáculo con tres camas, ducha, retrete y lavabo. Una mesa con televisión, y un patio, de cuatro metros cuadrados, desde donde podíamos ver el cielo. Y tan especial era, que de ahí no se podía salir, ni para comer, ni para caminar, ni para nada.

Me dieron unas sábanas y la ropa que llevaba en mi mochila. Una vez que lo dejé todo sobre la cama me dirigí hacia los dos presos que veían la tele. Les pregunté sus nombres. El delgado se llamaba Giovanni y el más fuerte, Santiago. Me llamó especialmente la atención lo tranquilos que estaban. Sabían perfectamente quién era yo. Cuando pregunté por qué estaban allí, se encogieron de hombros, respondiendo que no sabían. En cualquier otro lugar del mundo, esto puede parecer sorprendente, en Cuba no. ¿Cómo podía ser posible que encerraran a dos personas, que ni siquiera conocían los cargos que se les imputaban y ni siquiera mostraran la mínima preocupación?

El primero era informático; el otro, militar. Ambos esperaban la acusación del fiscal. Y sí, es lo habitual en Cuba: te detienen sin explicaciones, sin contemplaciones, y, una vez en la cárcel, al cabo de semanas, o de meses, te informan, en el mejor de los casos, del delito imputado.

Echado en la cama, con lo agotado que estaba, quedé inmediatamente dormido. Estaba asimilando demasiadas cosas en corto tiempo. Me asustaban mis compañeros de celda. ¿Cómo podía confiar en quienes no conocía y de quienes ignoraba sus intenciones reales? En la situación en la que me encontraba no podía confiar en nadie.

Cuando desperté, Santiago y Giovanni veían la televisión. Era lo único que se podía hacer. En Cuba solo existen dos canales oficiales, ambos cargados de doctrina política. Constantes loas al comunismo, a Castro y a Venezuela. El resto del mundo parece no existir.

Como nunca había estado en una cárcel, mucho menos para presos políticos, y como todo era nuevo para mí, les pregunté cómo era el día a día. «*Solo tienes que preocuparte por dormir*», respondieron.

En realidad era verdad. Nunca salían de allí; las comidas nos las traían en bandejas. Explicaron que teníamos suerte: las otras celdas eran más pequeñas, con letrinas en vez de retrete.

En medio de esta conversación entró el Coronel Llanes. Lo conocía de Bayamo. Allí se había encargado de coordinar la grabación del vídeo. Con la socarronería propia de quien sabe que tiene al otro «cogido por las pelotas», preguntó si disfrutaba de mi nuevo destino; yo era su huésped y ellos sabrían ser excelentes anfitriones.

Me pidieron grabar otro vídeo, esta vez para explicar las *«buenas condiciones»* en que me encontraba. Fue duro y difícil. Tenía que imitar lo que ellos decían e incluso repetir tomas, tenía que mostrar alegría y sonreír. Nunca había hecho tantas veces de actor obligado. No me gustaba que me grabaran y no me podía imaginar la de horas que me tocaría actuar para ellos a lo largo de mi cautiverio.

Cuando se fue, mis compañeros de celda dijeron que aquél era el coronel jefe de toda la isla en materia de Seguridad del Estado.

Al cabo de algunas horas entró un oficial con tres bandejas de comida. Tenía tanta hambre que mastiqué sin mirar. Además, solo teníamos cucharas, razón por la cual, a partir de entonces, cuando hubo carne, la comí con las manos. El agua la bebíamos directamente del grifo. Nos terminamos la comida y tocamos la puerta para que se llevaran las bandejas. Si se quedaban en la mesa, me dijeron, se llenaban de insectos.

El tiempo cobra otra dimensión cuando se está entre rejas. Casi sin advertirlo, volvieron a llegar las bandejas, y deduje entonces que habían transcurrido las horas y que debía de ser el momento de la cena. Efectivamente, comer y dormir iba a ser la nueva rutina.

Como allí tampoco apagaban la luz, me cubrí la cara con una toalla. Dormía por ratos. Seguía sin abogado y, lo más preocupante, no recibía visitas del personal de mi embajada.

No obstante, la primera semana trajo sorpresas.

Cada día venían a interrogarme o simplemente a hablar conmigo. Como estaba a merced de mis carceleros, intentaba ser sumiso y decirles lo que querían escuchar.

Algunos de esos interrogatorios perseguían el propósito de continuar componiendo la farsa del juicio. Debía firmar documentos donde declaraba haber visto una señal, haber adelantado a una bicicleta…Barbaridades, mentiras que yo asumía sin rechistar. De cualquier modo, siempre intentaba introducir en mis declaraciones partes equívocas para que en el exterior alguien tuviera la sutileza de leer entre líneas.

Era curiosa la forma que tenían de realizar los interrogatorios. Salas pequeñísimas, un potentísimo aire acondicionado y cámaras de grabación medio ocultas, insinuadas, al mismo tiempo escondidas y advertidas, pero que de ningún modo yo debía mirar. Si reparaban en ello debíamos volver a empezar de cero el interrogatorio.

Modulaba el discurso según indicaban. A cambio, permitían que fumara.

En pocos días comencé a perder peso. La comida y el agua me provocaban diarreas continuas y fuertes ardores de estómago que aliviaban con inyecciones en el glúteo. Desde el primer momento, practicaron varios análisis de sangre. Algunos en la propia celda, otros me desplazaban al Hospital Militar. En dos semanas perdí más de diez kilos. Se vieron en la obligación de cambiar la dieta y proporcionarme botellas de agua mineral, si querían mostrar que yo estaba bien atendido.

Al segundo o tercer día me sacaron de la celda para llevarme a la habitación del hotel Sevilla. Tenía que recoger mis pertenencias. Aron había hecho lo propio. Entonces fue cuando supe que él ya estaba de regreso en su país. Esto había sido posible porque colaboró activamente con ellos. Era todo un aviso a navegantes. Me sentí completamente abandonado, no entendía mi situación. ¿Por qué él estaba de vuelta y yo seguía encerrado? Si había grabado el vídeo que querían, había dicho lo que me obligaron, ¿qué más querían sacar de mí? La embajadora sueca había tenido éxito en su trabajo. Aron estaba ya en casa. ¿Qué pasaba conmigo? Se me cayó el mundo al suelo.

Al entrar en la recepción del hotel intenté cruzar la mirada con los turistas que allí se encontraban, confiando ver a algún español que estuviera al tanto de todo. Aunque la verdad es que era una idea descabellada. Como mucho hubiera podido gritar un par de palabras antes de que me taparan la boca o me pegaran un golpe.

Siempre que venían a buscarme a la celda para el interrogatorio del día, decían que en breve regresaría a España. Siempre insistían en que faltaba poco. Sin embargo el tiempo pasaba y yo no obtenía ninguna evidencia. Es más, decían que, si volvía, sería gracias a ellos porque mi Gobierno y mi Partido se habían olvidado de mí. Supongo que intentaban que perdiera la fe para debilitarme y que revelara cualquier información. Y en cierto modo lo consiguieron, me sentí abandonado y olvidado por los míos.

Recuerdo la primera llamada que pude hacer a mi madre. Tenía una cámara sobre un trípode grabando delante de mí mientras hablaba. El teléfono, por supuesto, estaba intervenido. Insistían en que informara de mi pronto regreso. Estábamos en la sala donde más tarde encontraría al cónsul y a mis abogados, muy parecida a aquella de Bayamo. Tenía las mismas cortinas de fondo y un cristal opaco en una de las paredes, que daba, sin lugar a dudas, a otra habitación contigua donde miraban sin ser vistos, como en la típica película o serie policiaca. No tuve problemas en reproducir lo que querían. En el fondo sentía miedo por mi madre, por su salud, porque no encajara bien la noticia del cautiverio de su hijo, preso a miles de kilómetros con un futuro incierto. Así que mordiéndome los carrillos por dentro conseguí aguantar el llanto durante la conversación. Le dije que todo se resolvería. Era mentira. No tenía ni idea de qué sería de mí.

Los días pasaron con esa monótona igualdad que provoca la cárcel. Pude comprobar lo duro que resulta, psicológicamente, no salir de una celda en semanas. Hasta mediados de noviembre solo me sacaban cada quince o veinte días. Y la salida consistía en caminar alrededor del recinto y volver siempre, una y otra vez, a la misma celda. En España ni la mayor cárcel de máxima seguridad tiene esas medidas tan estrictas y hasta los peores criminales salen una vez al día como mínimo. Por mi trabajo estaba siempre conectado al móvil recibiendo llamadas y resolviendo todo tipo de problemas. A veces sentía que me vibraba la pierna y creía tener el teléfono móvil encima. La desidia de las horas pasando sin nada que hacer conseguía que perdiera los nervios. La única novedad fue que a las dos semanas más o menos se llevaron a Santiago y nos quedamos dos presos en la celda.

Durante tantos días retenido, tuve la oportunidad de recordar a Oswaldo y Harold. Pensaba en cúanto habrían padecido. Quise imaginar que su final fue rápido, que no sufrieron antes de morir. No tenía ni idea de lo que había sido de ellos, y de cómo fue su muerte. Intentaba reconstruir una y otra vez la escena, los rostros de los que me escoltaron y empujaron dentro de aquella furgoneta, cómo y con quién llegué al hospital, cómo lo hizo Aron y de qué manera acabaron con Oswaldo y Harold. Otro interrogante que siempre me persigue es cómo Aron tenía esos dos móviles al llegar al hospital. A día de hoy éstas siguen siendo preguntas sin respuestas.

Ni a Aron, ni a mí, después del impacto nos había pasado nada; ni tan siquiera las bolsas de aire del coche se dispararon. Oswaldo y Harold tampoco podían haber recibido muchos daños. Tenía la certeza de que estaban vivos. Me hallaba presa del pánico, nervioso, pero me hubiera percatado si el impacto les hubiera hecho daño. Tendría que haber habido gritos y confusión y no hubo nada.

Ahora, con más serenidad, a la luz de lo pasado, todavía pienso que mi vida pueda estar en peligro. Por la experiencia vivida allí conozco el funcionamiento del sistema represivo del Régimen totalitario de Cuba, y comprendo con mayor exactitud lo que pudo haber ocurrido: me convertí en otra de sus víctimas, con más suerte por ser español, en un atentado estratégicamente preparado para eliminar físicamente a Oswaldo Payá y probablemente también a Harold Cepero. Semejante misión solo pudo ser ejecutada porque cumplían órdenes de la alta jerarquía dentro del poder, a los que la indomable figura de Oswaldo Payá les era ya intolerable e insoportable.

Oswaldo me contó que muchas veces había sido amenazado por la Seguridad del Estado, que le anunciaba que no terminaría vivo esta etapa, que los Castro le verían morir. Contaba con que eso podía sucederle. Ahora conociendo mejor su vida comprendo el gran legado con que cuenta su pueblo. Entiendo por qué la dictadura privó a Cuba de estos dos grandes hombres. Confiaba en que los servicios secretos de algún país europeo o americano lograran las pruebas necesarios que evidenciaran mi total inocencia.

Días más tarde, recibí la visita del cónsul auxiliar, a quien había visto en Bayamo, junto a Tomás, el Cónsul General. Una entrevista imposible. Estábamos acompañados en todo momento por un teniente coronel, así que no podíamos hablar en libertad. Ni ellos, ni yo. La conversación se reducía a frases hechas y estériles. Yo repetía que estaba bien. Ellos, que todo iría rápido y volvería pronto a casa. Intentaba hablar con la mirada pero eso es algo imposible de hacer con quien no conoces de nada.

No tenía bolígrafo, ni reloj, ni calendario. Había ideado un modo de contar los días, hacía marcas en un lateral de la pared cuando pasaba el día, aunque el tubo de neón permanentemente encendido me despistaba. Poco a poco perdía la esperanza y la confianza. La pesadilla que había comenzado con el triste horror de dos muertos, ¿de qué peor modo podía terminar?

La segunda vez que me permitieron llamar a mi madre ésta me anunció que habían contratado a un abogado. Efectivamente, Tomás lo ratificó en la siguiente reunión. Iría a verme en los próximos días. Además me dijo que me traería tabaco en cada visita que realizara.

Como se sabe, en Cuba todo forma parte del Estado. Él es dueño absoluto de cada cosa, de cada cuerpo y de cada alma. Por tanto, los abogados no son profesionales independientes, sino que forman parte del Régimen. Se encuentran dentro de lo que ellos llaman *«bufete público»* o *«bufete colectivo»*.

Conocí a la directora del bufete que mi familia había contratado en la sala de visitas que usábamos siempre. Conocía el camino. Se llegaba cruzando un pasillo atiborrado con fotos de Fidel Castro y de Hugo Chávez. ¡Cuánto culto a los caudillos! El totalitarismo se sustenta en la adoración a un Jefe Supremo y la animadversión a un enemigo inventado que, por lo general, solo es un peligro para sus dogmas. El Jefe Supremo, se llame Fidel o Chávez, Stalin o Hitler, es el *«salvador»* del pueblo frente a una amenaza inminente. El conflicto Jefe-Enemigo mantiene al pueblo adormecido. Allí quedaba patente.

La abogada comunicó que el Régimen podía pedir hasta veinte años por el supuesto accidente, amén de otros tantos por colaborar con movimientos contrarrevolucionarios y atentar contra la Seguridad del Estado. En ese instante comprendí, definitivamente, hasta qué punto estaba en sus manos. Por un lado, especificaban que si colaboraba, todo acabaría pronto; por otro, la abogada insistía que podía estar preso hasta cuarenta años.

La siguiente vez que vino a verme mi abogada, apareció acompañada por otra compañera suya. Era la especialista en derecho penal. Una mujer rellenita y arrojada, al parecer, no se dejaba amilanar por nada. Al principio sentí temor a hablar: la sala se hallaba plagada de micrófonos, con la severa amenaza del cristal oscuro de control. Tampoco sabía si debía decirles lo que realmente había sucedido; me limitaba, pues, a escucharlas.

Me explicaron sobre el sistema judicial cubano, o más bien, la ausencia de garantías procesales del mismo. La defensa, según desvelaron, no tenía acceso a las pruebas. Tampoco podían pedirse informes a peritos independientes; los únicos autorizados eran los militares designados por el fiscal. Por tanto mis esperanzas estaban completamente rotas. En Cuba cuando te acusan estás inevitablemente condenado. Me aterraba pensar en esos momentos cómo sería mi vida en caso de que se saliesen con la suya y lograran recluirme durante décadas. De volver en ese tiempo a España estaría absolutamente solo. Mis padres habrían muerto. Mis amigos quizá se habrían olvidado de mí. No tendría siquiera dónde ir. Esa desesperación me llevó a pensar en acabar con ese sufrimiento. Especulé por primera vez con la idea de suicidarme.

Los días pasaban en la más absoluta monotonía, preso en una jaula de la que no podía salir. Pensaba en mi familia, en mis amigos, en toda la gente que estaría sufriendo por mí. Y no quería que continuaran haciéndolo. Muchas noches miraba la cuchilla de afeitar que me habían dado. Pensaba en cómo sería acabar con mi vida. No sabía si dolería, si sentiría alivio, si estaría condenando mi alma. Noche tras noche pensaba en lo mismo.

Un día decidí dar otro paso. Pisé la maquinilla desechable y se rompió el plástico que sujetaba las finas cuchillas. Quedé asombrado de lo fácil que podría llegar a ser. Ahora solo tenía que pensar el modo y en qué momento dar el paso. No sabía la forma en que debía cortar para que fluyera la sangre. En las películas siempre muestran cortes horizontales. Me miraba la muñeca y veía los tendones y, por supuesto, sentía terror. Estaba parado justo en el filo del precipicio, entonces dudaba. Si moría, mi familia sufriría. Ignoraba qué soportarían peor: si la muerte, o la permanencia durante años en una cárcel cubana. Gracias a Dios, nunca me decidí. Preferí seguir vivo. Sufriendo, pero vivo.

Una semana antes, mis abogadas me habían indicado que tardarían unos días en reaparecer. Tenían que ir a Bayamo a copiar a mano el expediente judicial correspondiente a la causa. Entonces decidiríamos cómo articular la defensa. Aunque parezca mentira no les facilitaron copia, ni de las fotografías, ni de las pruebas practicadas. Las tenían que calcar en cualquier caso.

Esos siete días de diferencia que pasaron entre la primera visita y la segunda los dediqué a pensar en todo lo que me habían hecho firmar y en cómo defenderme. No podía decir la verdad. Tenía que ceñirme a la versión oficial. Además estaba muy preocupado por los dos móviles que Aron me había dado. Durante el tiempo que estuvimos en el hospital les había sacado las tarjetas SIM y borrado el contenido pero no lo había hecho con guantes. Mis huellas dactilares estaban en las baterías que había tenido que sacar y en las tapas. En cualquier momento me podrían preguntar por ello. Sin embargo, ellos tenían más que perder si lo hacían. ¿Cómo justificar que uno de los pasajeros, justamente el que no hablaba español, tuviese los dos teléfonos de Harold y Oswaldo? Según la versión cubana, Oswaldo estaba muerto y Harold moribundo, ¿cómo habrían podido darle sus teléfonos a otra persona? La evidencia nos puede llevar a pensar que se los dieron a Aron cuando todavía estaban vivos. ¿Cómo si no? ¿Sería posible que alguien metiera las manos en los bolsillos de dos personas malheridas tan solo para coger esos teléfonos y dárselos a Aron? Quizá fue lo último que les permitieron hacer en vida. Algún día lo sabremos.

Al cabo de unos días regresó la abogada. Ya no estaba acompañada por la directora del bufete, puesto que ésta se había exiliado a España. De forma discreta, con rodeos, escribiendo en un papel debido a la vigilancia de la sala, me dijo que tenía suficientes argumentos para defender mi inocencia, pese a la versión oficial. El primer escrito a presentar sería mi alegato de inocencia o culpabilidad. Decidí declararme inocente. He de confesar que esto fue poco meditado. Me dejé llevar por el sentido de la justicia que conozco. Nada más lejos de la realidad. Cuanto quería el Régimen era condenarme, y exonerarse así de la muerte de Oswaldo y Harold. Con posterioridad, yo regresaría a España. Así se quitarían de encima los ojos de Europa y yo cargaría la culpa durante el resto de mi vida. Por tanto, esa declaración mía tan solo les supondría un escollo más en su plan. Nada que para ellos fuera insalvable.

El juicio, según habían asegurado a mi letrada, se produciría a últimos de agosto o primeros de septiembre.

La abogada estuvo de acuerdo con mi declaración. Les pedí que hicieran lo imposible para demostrar que la versión oficial estaba mal montada y que las pruebas en mi contra no eran definitivas.

¡Qué ingenuidad!. En cuanto subí, el Teniente Coronel Águilas me preguntó por qué lo había hecho. Estaba claro que había escuchado que me iba a declarar inocente. Me avisó que ya sabría a qué atenerme.

Pedí perdón. Rogué. Quise que volviera a llamar a las abogadas para cambiar mi declaración. Haría cuanto me pidieran para poder regresar a España. Me declararía culpable si era necesario.

«*Es tarde*», replicó.

Consecuencia inmediata: el retraso del juicio un mes más. Pero ese retraso, aunque pésimo, para mí también fue beneficioso. Mi abogada, que contaba con un nuevo ayudante de edad poco mayor que la mía, se dedicó a conseguir dictámenes de catedráticos de física y peritos tanto cubanos como españoles. Todos coincidían en que, incluso con los datos aportados por el Régimen, yo no circulaba a una velocidad excesiva y, por tanto, era inocente.

Este dictamen no solo era de suma importancia para mí, sino para evidenciar mi inocencia frente los ojos del mundo.

Ante una defensa contundente, basada en informes que podrían avalar mi inocencia, tendrían que esforzarse mucho más para poder condenarme. Quizá por eso, necesitaron más tiempo.

Ignoraba el régimen de llamadas de los presos. Ideé una treta para poder hablar con alguien más. Aludí que como tenía bienes en España a mi nombre, necesitaba hacer un poder notarial a un amigo para que los gestionara. De manera que en una de las visitas del cónsul, pedí que lo hiciera a nombre de Borja, mi mejor amigo. Solicité permiso para llamarlo. Me autorizaron.

En la siguiente llamada pude hablar con él. Esto sirvió en gran medida para mi estabilidad psicológica. Por los lógicos nervios, mi madre decía cosas que no debían ser escuchadas. Se le olvidaba que el teléfono estaba pinchado; apuntaba nombres y contaba reuniones que no debieron salir nunca del ámbito privado.

Borja, por el contrario, narraba todo en clave. Resulta increíble cómo dos personas se pueden comunicar, utilizando paráfrasis y pseudónimos, sin ser entendidas por terceros. Me tranquilizaba hablar de lo que sucedía en España, de la gente que apoyaba mi caso, de la preocupación del gobierno. Sentía que mi vida no se había acabado y que la gente que me quería seguía haciéndolo.

Fue difícil luchar contra el *Síndrome de Estocolmo*. Había oído hablar de él cuando los secuestrados por la banda terrorista ETA contaban que llegaban a experimentar afecto por sus carceleros. Algo similar sentí durante mi cautiverio. El Teniente Coronel y el preso con el que compartía celda (el otro se fue a los pocos días), eran las únicas personas con las que podía hablar. Y mi objetivo era mantener la cordura. Había pensado en cuánto tiempo se tarda en enloquecer en situaciones extremas y si a mí también me pasaría. Por un lado tenía la esperanza de que ocurriera pronto, de esa forma no me daría cuenta de lo que sucedía a mi alrededor. Por otro lado, una fuerza dentro de mí me llevaba a luchar cada día por mantenerme cuerdo.

El ser humano es social por naturaleza. Aislado de todo, pierde la humanidad. Tenía, pues, que participar en un peligroso juego. Parecer vencido. Hacerlos creer en mi abatimiento, en mi disposición a colaborar con cuanto me pidiesen, a mostrar incluso aprecio por mis captores, y, sin embargo, no caer en la trampa de la araña, es decir, sentir de verdad esos sentimientos.

Creo que lo conseguí.

Llegué a asumir que nunca volvería a afirmar que fuimos embestidos por otro coche y sacados de la carretera. Tenían que encontrarme tan duramente abatido, que jamás y bajo ningún concepto volvería a decir la verdad.

El militar a cuyo cargo me encontraba comía de vez en cuando con nosotros en la celda. Tuvo la «*amabilidad*» de traer libros. Yo me los leía aun cuando resultaban horribles. Al fin y al cabo, no tenía nada mejor que hacer. Uno de esos libros se ocupaba del bloqueo americano a la isla; el otro, con el escalofriante y agotador título de *Cien horas con Fidel*, había sido escrito por ese señor llamado Ignacio Ramonet, director de *Le Monde Diplomatique*.

El «*simpático*» militar indagaba en mi vida personal y, a su vez, como para persuadirme de su benevolencia, contaba la suya, o lo que quizá fuera una ficción con visos de historias autobiográficas. Jugaba, como se comprenderá, al poli bueno. Deduje que si mostraba lo confiado y crédulo que yo podía llegar a ser, las cosas irían bien. Inclusive se encargó de repetir, cuantas veces hizo falta, aquella frase tantas veces oída: «*En la medida que colabores, disfrutarás de mejores condiciones*».

«*Por ello* -subrayó, -*al declarar tu inocencia, has entorpecido las buenas y justas relaciones con nosotros*».

Una idea enérgica, flameada a tiempo ante el mundo, para, como la bandera mística del juicio final, a un escuadrón de acorazados.

«*Nuestra América*», JOSÉ MARTÍ

8

Los días iguales

Había pasado más de un mes y continuaba en idénticas condiciones. En una celda cubana, a la espera de la celebración de un juicio que era un auténtico montaje, del que saldría culpable, y en un país sin derechos que me salvaguardaran. Esperaba que mis abogados defensores tuvieran la habilidad suficiente a la hora de articular el alegato de defensa. Mientras, jugaba con los militares a la mosca cazada.

Entrado septiembre, durante su tercera visita, el cónsul, Tomás Rodríguez Pantoja, un andaluz auténtico que rondaba los sesenta años, intentaba mantenerme al tanto de la actualidad en España. Una manera de desconectar del triste hacinamiento en el que me encontraba. Esperanza Aguirre había dimitido, como Presidenta de la Comunidad. Esta noticia fue para mí un mazazo terrible. No sabía si por razones de salud, debido a la enfermedad con la que había luchado recientemente o simplemente porque cedía el relevo a Ignacio González, su hasta entonces vicepresidente. Lo que aún no sabía es que había sido una de mis mayores defensoras, tal y como me contaron después a mi llegada a España. Y aun así, su salida de la primera fila política me perturbaba. Era mi referente y la persona por la que decidí dar el paso a la política Me contó también que se había filtrado la noticia del retraso de mi juicio y que a una pregunta de los periodistas, Esperanza había informado que era debido al huracán que azotaba la isla en aquellas fechas. Sentí tristeza, frustración: comprendí que en España no se habían percatado de que el verdadero motivo de la demora había sido mi decisión de declararme inocente y de oponerme a la versión oficial.

El cónsul me habló también acerca del mecanismo en base al cual negociaban los dos estados: después de que la condena se articulara, se produciría mi vuelta a casa a partir del Convenio existente entre el reino de España y la república de Cuba sobre ejecución de sentencias penales. Sería expulsado, por lo que no tendría que cumplir condena alguna.

Supe además que la primera reunión entre los ministros de exteriores de los dos países para hablar sobre mi caso se había producido en la ONU, y que la siguiente tendría lugar en la Cumbre Iberoamericana a celebrarse en Cádiz, España, los días 16 y 17 de noviembre.

A partir de estas noticias mi expectativa consistía en conseguir que los plazos se acortaran lo máximo posible.

Durante esa espera, la monotonía continuaba, acompañado por el fingido preso, que no acusaba ninguna tensión por estar encerrado, y parecía despreocupado de todo. Siempre tuve la sospecha de que era un miembro más de la seguridad del Estado. Cuando llegué a esa prisión él ya estaba allí; cuando me fui, no solo no le habían celebrado juicio alguno, sino que continuaba sin saber de qué lo acusaban.

Un día no se diferenciaba de otro. Parecía vivir en un día inmenso, infinito. Eso añadía, si cabe, más desesperación. Las noches aparentaban ser interminables. Dormía de día. Pasaba la noche dando vueltas. De este modo evitaba el contacto con la realidad, con los guardias que traían la comida, con el teniente coronel que nos visitaba, incluso con mi compañero de celda. Cada noche pensaba en lo que diría al día siguiente en caso de interrogatorio. Planificaba el siguiente episodio de la oscura trama en la que estaba inmerso.

Recordaba mi vida anterior. Tenía presente a Oswaldo, a Harold, a mi familia. Cuando pensaba en Oswaldo y en Harold comprendía la fe y el valor de aquellos dos hombres en una lucha que, aunque parecía perdida, algún poso de libertad inevitable dejaría. Payá, un hombre de sesenta años, noble, con un extraordinario sentido cívico, un cubano no corrompido por el espanto del totalitarismo y que había luchado hasta el día de su muerte por la anhelada libertad de sus compatriotas, había entregado su vida por esa causa. Cepero, un joven en la flor de su juventud, muerto con solo treinta y dos años. Un muchacho lleno de vitalidad y de esperanza, símbolo de una juventud centrada en lograr una Cuba democrática. Pasado el tiempo he leído lo que sobre él dijo Monseñor Rodríguez Díaz, rector del habanero seminario de San Carlos y San Ambrosio, y me gustaría repetirlo: «*Conocí a Harold hace cuatro años. Sus amigos lo clasificaban como un hombre algo bohemio y gitanesco. Ésa era la primera impresión que mostraba, su comportamiento corporal y psíquico, revelaba un espíritu libre. Poco a poco, en la vida diaria bajo el mismo techo, me fui dando cuenta de que era una persona de gran sensibilidad para los problemas de los demás, acompañada de una gran dosis de olvido de sí mismo. Era muy cercano a sus compañeros del Seminario, y, a la vez, era muy querido y apreciado por ellos.*

De hablar bajo y despacio, hombre de campo, que pasaba gran parte de sus vacaciones trabajando en la finca de sus abuelos. Lo mismo sembraba matas de aguacate, que chapeaba hierba o asistía al parto de las cerdas. No pudo librarse de su caminar campesino. Jugador de fútbol, sobre todo, como a mí me gustaba, con jóvenes de La Habana Vieja. Hasta aquí podríamos pensar que estamos ante un campesino noble, servicial, deportista, y amigo de todos. Sin embargo, todo esto venía acompañado de otra gran sensibilidad: su gusto por las artes. Disfrutaba del ballet, de la ópera y del rock, de la plástica y de la literatura, en especial los temas políticos. Hablaba con perfección el inglés, a la par que mostraba su alegría hacia el Griego Clásico… una de las almas más hermosas que he conocido en mi vida».

Pensar que esos dos hombres a los que había ido a ayudar —muy modestamente— en su batalla, habían terminado muertos, me hacía pensar en lo difícil que podía ser luchar contra un aparato estatal rígidamente militarizado y basado en el espionaje y el miedo, donde se procura que cada uno sea enemigo del otro, y donde cada idea está al servicio de la represión. En esos estados, se ponen en marcha los mecanismos de la propaganda política y del miedo, de tal forma, que llega un instante en que los represores ni siquiera necesitan vigilar en exceso, porque el propio hombre se vigila a sí mismo, movido por mecanismos diabólicos de terror. Se echa a andar el artefacto del miedo y luego éste se desarrolla solo, en cada ser humano, como una enfermedad. Y en medio de eso, se despoja al individuo justamente de su individualidad, de su manera exclusiva de pensar, para que integre a una masa amorfa de personas que obedecen.

Recordar a Oswaldo y a Harold, allí, en mi calabozo, me hacía entender la exactitud de los versos del gran poeta John Donne: «*Ninguna persona es una isla; la muerte de cualquiera me afecta, porque me encuentro unido a toda la humanidad*».

Me encontraba como un ser abducido por una realidad que no era la mía y que, sin embargo, sí lo era. Había ido a Cuba a contribuir con una causa hermosa, y había convertido en mía aquella torcida realidad y con ello había pasado a formar parte de la historia de la muerte de dos valientes.

Dejado de la mano de Dios, comprobé que se puede llorar con los ojos cerrados. Y de este modo dormía cada noche, cuando casi llegaba el amanecer.

En los primeros días de septiembre vino la fiscal que llevaba mi caso. Al igual que cuando recibí las visitas del cónsul o de los abogados, me bajaron a la sala de visitas. Al entrar, comprobé que la inquisidora oficial designada por el Régimen era delgada, con cara displicente y daba muestras de pertenecer a la burguesía comunista que controla Cuba. Acompañaría durante el juicio a su homóloga fiscal de Bayamo.

Sin pestañear, con desprecio absoluto, intentando mostrar en todo momento su superioridad, informó con voz neutra que la petición fiscal sería de 7 años de prisión. Quedé atónito. Nunca había pensado en esos términos, máxime sabiéndome inocente. En el fondo albergaba la fe de que no llegarían a juzgarme, que mi Gobierno lo impediría. Allá en España, sabían que era inocente. Estaba secuestrado por un régimen dictatorial, tal como diría más tarde en un desliz el ministro de exteriores español en una comparecencia parlamentaria. El juicio tendría lugar el cinco de octubre, es decir, en menos de un mes.

Cuando regresé a la celda me eché en la cama y pensé cómo preparar la defensa del mejor modo posible. La versión oficial se cimentaba en tres testigos, transeúntes casuales de la carretera donde había tenido lugar el supuesto accidente, en las declaraciones que me habían hecho firmar durante todo el tiempo que llevaba allí y en las huellas de frenado del coche.

La última vez que había visto a mis abogados pudimos comunicarnos sin que nos pillaran garabateando papeles. Escribieron que según los peritos españoles y cubanos con los que habían contactado, las huellas que había en el trayecto de carretera correspondían a dos vehículos y no a uno solo como querían hacer ver los servicios de inteligencia cubanos. El problema radicaba en que esa información no podía ser utilizada. La información no era válida para el juicio que se iba a celebrar. Era de locos. Si yo volvía a decir en privado, o durante el juicio, que no había sido un accidente, nadie podría garantizar mi seguridad y podrían retrasar el juicio una vez más. Optamos, pues, por defendernos de la versión oficial que, al haberse articulado con celeridad, tenía demasiados cabos sueltos: las declaraciones de los testigos no eran creíbles, las huellas indicaban que la velocidad a la que circulaba estaba permitida, y, sobre todo que al no poder acceder al resto de pruebas, podría pedirse la nulidad del juicio.

En ello nos basamos para defender mi inocencia.

Además tuve la oportunidad de leer el Código Penal cubano, algo que resultó de trascendental importancia.

Uno de mis miedos fundamentales era que, una vez celebrado el juicio, me enviaran a una cárcel común, en la que ni siquiera estuviera aislado. Las reyertas en las cárceles pueden estar a la orden del día. Y, aunque en Cuba también las cárceles están gobernadas con mano férrea, aún así supuse que, una vez juzgado, podría ocurrir cualquier cosa. Cumpliendo órdenes, un preso podría perfectamente acabar con mi vida. Era una idea que no me abandonaba. Las consecuencias para el Régimen serían nulas. En cambio, si seguía en la celda de Cien y Aldabó, parecía mucho más complicado que terminaran conmigo, aunque por supuesto no era imposible.

Uno de los artículos del Código Penal establece que el Ministerio del Interior decide dónde se distribuyen los condenados. Comuniqué al cónsul esta preocupación y de alguna manera se aseguró de que no fuera trasladado.

Había adelgazado mucho desde el comienzo del caso. Era incapaz de tolerar la comida. Eso preocupaba a los gendarmes. Debía llegar al juicio en condiciones óptimas. El interés mediático era tal que una foto mía delgado o con cara demacrada tendría consecuencias nefastas para el Régimen. Por esa razón, introdujeron hidratos de carbono todos los días en el menú. Por la noche y por el día me atiborraban a pizza, pasta, como si trataran de engordar a un cochino para su posterior matanza.

En esos días volvieron a sacarme de la celda para conducirme a una unidad de exámenes psicotécnicos. Me hicieron pruebas de vista y rapidez mental. Ambas las superé sin problemas. Cada vez les ponía más difícil añadir nuevas pruebas al expediente para la condena.

Otro de esos días, cayeron en la cuenta de que tenían que raparme. Fue un shock, nunca había llevado el pelo rapado y aunque estaba perdiéndolo a pasos agigantados, mi nueva imagen me producía pena. Me habían terminado de convertir en un preso más.

Los guardias que controlaban la celda venían frecuentemente con copas de más. De modo que abrían la puerta de la celda y nos hablaban. Al principio no hablaban de su trabajo ni de cosas personales. Conforme pasaron los días, sin embargo, se volvieron más confiados. Pronto comenzaron a quejarse de sus condiciones de vida. Las miles de argucias que debían realizar para vivir. O mejor dicho, para sobrevivir. A pesar de ser miembros del Ministerio del Interior, por ejemplo, tenían que criar cerdos en sus casas para matarlos y comérselos. Se veían en la obligación de buscarse la vida de otras muchas maneras para mantener a la familia. Comprendí definitivamente lo que de algún modo ya sabía: en Cuba, salvo una élite de poderosos, todos los demás son víctimas del castrismo. Incluso los que parecen verdugos, como aquellos guardianes de prisiones.

Los cubanos tienen un humor burlón y corrosivo. Son conscientes de su desgracia, pero como los han dejado incapaces de saber cómo luchar contra ella, encuentran en la risa y la fiesta un leve consuelo. Están siempre intentando mirar, desde su malecón, la vida posible más allá de los mares. Como se hallan encerrados, encuentran alivio en imaginar otros países y otras vidas. ¡A qué drama someten a sus nacionales los estados totalitarios comunistas! Los ciudadanos son el último eslabón de una cadena perversa. Por no tener, los cubanos han tenido prohibido el paso a los hoteles, el uso de moneda convertible, y hasta matar una vaca, aunque sea de su propiedad. Para subsistir, se han visto obligados a depender de sus compatriotas exiliados. El totalitarismo es un monstruo que convierte en monstruos a sus ciudadanos. La igualdad, o la falsa igualdad, en la pobreza, el fin de la iniciativa y la creatividad, son desastres irreparables que devienen en sociedades enfermas, sombrías.

Es injusto y de ignorantes que todavía algunos políticos en el mundo, durante tantos años, sigan utilizando a Cuba como su referencia ideológica, que no se pongan nunca en la piel de sus ciudadanos. ¿Hay algo que pueda justificar un éxodo de más de 3 millones de personas, de un país que no supera los 12 millones? ¿hay algo que pueda justificar que un gobierno dirija a su antojo durante más de 55 años? ¿Hay algo que justifique el unipartidismo, y la falta de libertad de prensa? ¿Hay algo que pueda perdonar el acoso, la prisión y hasta la muerte de los que piensan diferente? Y sobre todo, ¿Hay algo que permita someter a la más rigurosa carencia y pobreza un pueblo entero? Un pueblo que en 1959 tenía una de las economías más sólidas y boyantes del continente.

Lo curioso de esos «*ideólogos*» es que cuando se trata de Cuba, mirar para otro lado es suficiente, pero eso solo los convierte en cómplices de una de las dictaduras más largas y crueles que han existido en el mundo.

Volviendo a mí historia. Si eso pasaba con militares –los «niños mimados» del poder– ¿cómo sería la vida de los simples trabajadores cubanos? ¿En qué desesperación se encontraban? Cuba es una gran celda, y yo, encerrado en una, dentro de ella, me encontraba en mejores condiciones para entender su forma de vida. La vida cubana tiene algo de día y noche interminables. Un largo día y una larga noche donde todo lo que se puede hacer está prohibido, y lo que no está prohibido no se puede hacer. La lucha por la supervivencia impide que el hombre piense en cosas superiores, como en el modo de conquistar la libertad. Cuando está en juego comer y subsistir, las fuerzas se dispersan y solo se espera que la solución llegue de otro lado.

Los guardias también se quejaban de no tener recursos y no poder acceder a muchas de sus necesidades básicas. Al ser miembros del Ministerio del Interior, no podían dedicarse a tratar con turistas y conseguir lo que otros cubanos, sin ese tipo de responsabilidades, pueden resolver para ganar unas monedas.

La última vez que hablé por teléfono, y después de haber pensado durante mucho tiempo cómo hacer ver la realidad más allá de las fronteras en esa llamada, intenté que mi amigo Borja entendiera mi mensaje oculto. Le sugerí que viera un capítulo de una serie que se retransmitió en España, y en la que en uno de los episodios, el protagonista era sacado de la carretera embestido por otro coche. Quería que lo viera y entendiera bien lo que había sucedido. Necesitaba que se supiera la verdad si aún quedaba alguna duda. Y estaba desesperado por intentarlo. Además le comuniqué que me permitían recibir libros y cartas, por lo que podría recibir información del exterior y de la gente que más me importaba, mi familia y mis amigos. Le dije que recogiese todas las cartas y las leyera antes de mandarlas. Así él eliminaría cosas o elementos que no debían ser vistos por los que iban a leerlas antes que yo, los militares.

Además, en la visita del cónsul, le informé de que no deseaba que al juicio viniera nadie de mi familia, tal y como querían las autoridades cubanas. No quería hacerles pasar el trance de presenciar cómo caía sobre mí una sentencia injusta. Sin embargo ellos insistían, estaban ansiosos por lograr una foto de mi familia llorando durante el juicio. Y no les iba a dar ese gusto.

En su lugar vendría el abogado español que había contratado mi familia y que se encargaría de coordinar mi defensa. Además, el juicio tendría lugar en Bayamo, por lo que tendría que volar y volver al lugar donde había comenzado todo.

Por otro lado, en la última visita antes del juicio, uno de mis abogados apareció con muletas. Según dijo, iba circulando en moto y un coche le embistió. Pudo salvar la vida gracias a que soltó el manillar de la moto.

Otro «*accidente*» casual en medio de esta compleja situación.

En todas estas visitas, al ir al salón donde se producían, observaba con detenimiento cuanto me rodeaba.

Las celdas vacías de mi planta estaban siempre cerradas. Solo una vez, quizá por descuido, pude mirar el interior de alguna que estaba abierta. Había una letrina en la entrada separada por un muro de hormigón. La distancia para poder acceder era de menos de medio metro. Incluso yo, con mis hombros estrechos, tendría que ponerme de lado para poder entrar. Encerrado allí, me hubiera vuelto loco.

Recuerdo otro día en que debimos salir de la celda porque estaba inundada. De uno de los recintos vecinos salía agua por la letrina posiblemente procedente del piso superior. Se había inundado el pasillo y el agua sobrepasando el nivel inundaba todo. Y así pasaban mis días, en un duelo diario por mantener la serenidad y conseguir que los militares cubanos dieran por ganada su causa. Y sin dejar de pensar obsesivamente en qué hacer, qué decir y cómo comportarme de cara al juicio que se aproximaba.

Dejen que un manto negro cubra lo ocurrido
y que retiren las linternas…
Cae la noche.

«*Réquiem*»,
Anna Ajmatova

9

El Juicio

En dos días se celebraría el juicio en el que iban a culparme por la muerte de Oswaldo Payá y Harold Cepero. *«Mañana saldremos a las seis de la mañana rumbo a Bayamo»*, dijo por fin el Teniente Coronel Águilas.

Pasaba el tiempo repasando la defensa y las absurdas pruebas fabricadas en mi contra. Caí en el error del hombre que ha crecido en democracia, en un estado de derecho: darle importancia a las pruebas. Y no, no la tenían en absoluto. Las evidencias, las exactitudes y las certezas carecían de valor en este juicio y en la sociedad cubana, donde las cosas suceden por la voluntad arbitraria del aparato estatal. Así que pasara lo que pasara, dijera lo que dijera, yo ya estaba condenado.

Era culpable desde el momento en que fui a Cuba a encontrarme con la disidencia. Era culpable desde el instante mismo en que el gobierno cubano decidió acusarme de un crimen que habían cometido ellos, o mejor aún, desde el instante mismo en que planearon la muerte de Cepero y Payá. Yo era su coartada perfecta.

Además, el Teniente Coronel agregó que los abogados de la defensa saldrían un día antes para poder llegar al juicio con tiempo suficiente para descansar del trayecto. Ya en Bayamo también tendría la oportunidad de hablar con Pepe, mi abogado español que había viajado a Cuba para estar presente en el juicio.

«Tendrás que vestirte del modo más natural posible durante el juicio», me dijo.

Subimos al piso superior del edificio de celdas. Al ascender, tuve contacto por primera vez con los calabozos de los presos cubanos. Los gritos se oían por todo el pasillo. Era estremecedor. En el depósito de ropa, pude abrir mi maleta y recoger algunas camisas y pantalones.

Águilas insistió en que mi ropa era poco formal. Así que ellos me disfrazarían. Llevaría una guayabera y pantalones de vestir. Una vez de nuevo en mi celda, trajo la ropa para que me la probase. Pretendían que estuviera lo más *«digno»* posible el día del juicio.

Cuando estuvo conforme con los resultados, se despidió hasta el día siguiente.

Dormí mal. No dejaba de darle vueltas a que el gobierno cubano conseguiría sus planes y meditaba sobre si todavía estaba a tiempo de impedirlo. Si en el momento del juicio me levantaba y denunciaba la verdad, mi testimonio sería escuchado, al menos por los presentes. No sabía qué iban hacer con la prensa. Consideré otra posibilidad: en el momento que viera una cámara extranjera me lanzaría hacia ella, para decir todo lo que pudiera. Evitaría de esta forma el yugo al que me habían sometido y por el cual no podía hablar a solas, ni con el cónsul, ni por teléfono. Estaba desesperado.

Dormí pensando en el maldito juicio.

Debían ser las seis de la mañana cuando me desperté con los golpes que los guardias daban en la puerta metálica. Ya era la hora. Me vestí y bajé con la muda de ropa para el día siguiente. Esta vez habían dispuesto a dos militares más para vigilarme.

Partimos hacia el aeropuerto militar donde nos esperaba un avión del Ministerio del Interior. A diferencia de la ocasión anterior, no íbamos con civiles. La cabina interior estaba separada en dos: una zona con asientos normales, donde me ubicaron, y otra con una puerta de separación. En un momento pude ver que era una especie de saloncito donde había personas entre las que pude distinguir a las dos fiscales que había visto en Bayamo y en La Habana. Quedé impresionado por el despliegue tan grande de recursos que era capaz de movilizar una economía en ruinas como la cubana.

Por otro lado, me pareció lógico que intentaran cuidar a los miembros más importantes de la judicatura de ese absurdo Régimen. Es evidente que el comunismo a veces olvida la tan llevada y traída igualdad entre los hombres.

Un viaje tenso en el que nadie me dirigió la palabra. Fingí que dormía. Proveniente del salón contiguo se escuchaban carcajadas. Sin duda estaban divirtiéndose con la pantomima que habían preparado para el día siguiente.

Al fin aterrizamos en Bayamo. Llegamos a una especie de casa con ventanas compuestas con láminas metálicas y una habitación con la luz de neón de siempre, inevitable y permanente. Tenía cama y aseo contiguo. En la habitación de al lado de la mía, dormiría un militar. Pude descubrir un bolígrafo junto con la cuchilla de afeitar que habían puesto a mi disposición. También había folios. No me lo podía creer. No sabía si era un descuido, un error que habían cometido: acaban de proporcionarme la oportunidad única de poder escribir una nota para pasársela a mis abogados o al cónsul si la oportunidad se presentara. Tanta facilidad, por supuesto, me asustó. Como ya sabía, allí nada es lo que parece. ¿Y si era una trampa? Había pasado por tantas que pensé de inmediato en las consecuencias que podía tener mi acto. Como he dicho, el mecanismo del miedo, de la propia vigilancia, es algo verdaderamente demoledor. Así que simplemente lo utilicé para garabatear algunos argumentos más en mi defensa. Después de dos meses sin hacerlo, aparte de los garabatos a modo de firma y las muescas en la pared a modo de calendario, no había podido escribir, así que me temblaba el pulso.

Durante el bachillerato estudie Física y obtuve buenas notas. Hice, pues, empleo de mis conocimientos de Física. El argumento principal por el que se me condenaba se basaba en la simple fórmula para calcular la velocidad en un movimiento rectilíneo uniforme. Esto es, considerar que el coche siempre iba a la misma velocidad y que de repente había frenado con brusquedad. Hipótesis completamente desafortunada. La trayectoria de las huellas era curva por lo que esta simple fórmula no podía ser utilizada. De hecho, al estudiarla, recuerdo que nos dijeron que era aplicable solo en la teoría, pues en la práctica ningún cuerpo se comportaba de esta forma.

El día previo al juicio pasó muy rápido.

Por la tarde me llevaron de vuelta al complejo militar de Bayamo. En un despacho, junto a Águilas, esperamos a mis abogados. Al llegar nos dejó un momento a solas. Los abogados, dijeron tener articulada una gran defensa. Con los argumentos esgrimidos en el expediente de acusación, no podían condenarme, ahora bien, todos éramos conscientes de dónde estábamos y allí las cosas son impredecibles. Relataron, además, que tuvieron un percance con el coche y por eso llegaron con un día de retraso. Les pasé el papel que había preparado para desmontar la fórmula física con la que pretendían juzgarme. Ellos tenían informes periciales que desarmarían por completo los argumentos de la fiscalía. Antes de despedirse, comentaron que ya habían visto a Pepe, y que más tarde yo también lo haría.

Águilas lo confirmó. Pepe estaba llegando y dejarían que lo viera durante cinco minutos.

Pepe era un señor calvo, alto y serio. Se presentó, comenzamos a hablar. Habíamos estudiado en la misma universidad y teníamos amigos comunes. No hablábamos más que de banalidades, porque, como siempre, mi Coronel sombra permanecía impávido delante de nosotros. Solo que en esta ocasión, ocurrió algo fortuito. Lo llamaron al móvil y salió un segundo de la sala.

No sé si cometí un error. En cuanto cerró la puerta tras de sí, pregunté al abogado si sabía la verdad. Respondió con un sí. En España todo el mundo sospechaba que no había sido un accidente. Me sentí tranquilo. A continuación, pregunté si podrían sacarme de allí, que mi cordura y estabilidad mental ya pendían de un hilo y había pensado, en ocasiones, quitarme de en medio, dicho vulgarmente. Me pidió que tuviera paciencia y resistiese; las negociaciones iban bien y se esperaba que antes de fin de año pudiera estar de vuelta en casa. Le pedí que lo prometiera, de lo contrario, al día siguiente, iba a contar la verdad de lo ocurrido. Me tranquilizó diciendo: «*Regresarás, no puedo precisar la fecha, pero sí estoy en condiciones de garantizarlo*».

Dormí poco. Muy temprano, me disfracé con la ropa asignada.

Cuando pensaba que ya nos íbamos al tribunal, apareció un general. Su aspecto recordaba al de los ancianos rebeldes de la generación del tirano Castro. Mostraba una enorme barriga, y no cabía duda que aquel señor no pasaba hambre. Me observó con detenimiento, como quien escruta una especie de bicho. Preguntó por qué el preso llevaba esa ropa. ¿Por qué tenía que llevar una guayabera? Otra vez experimenté la sensación del actor a punto de entrar en escena. Lo vuelvo a repetir, en Cuba cada cosa adquiere el artificio de una puesta en escena. Te obligan a esconder la persona y a sacar el personaje.

Esto tan importante en el teatro, puede ser abominable cuando se traslada a la vida cotidiana. En la vida el artificio pierde su poder. Se transforma en lo contrario, no es un disfraz, sino un tapujo. No revela, oculta. Cada cosa es lo que no es. Una máscara superponiéndose a otra. El reino de la mentira, la hipocresía y el fingir siempre. Y así, llega el momento en que no se sabe nunca qué es verdaderamente real. Cuál es tu verdad.

Me cambiaron la ropa. Ahora vestía una simple camisa blanca. De esa forma, según el general, sería más creíble mi apariencia. A su modo de ver no parecería preparado para la ocasión.

Conforme nos acercábamos al centro de la ciudad de Bayamo donde estaba el Tribunal se veían policías y militares. Me advirtieron de que debía entrar directamente sin hablar con nadie. Un fotógrafo del Régimen me esperaba. Al resto de la prensa los habían separado, con vallas y policías, a una distancia prudencial. Ignoraba entonces que allí estuviera la familia de Oswaldo, a la que le habían impedido acceder al Tribunal. Cuando entré en la sala lo comprendí. El juicio era público, pero solo para el público «elegido». Habían llenado la sala con miembros del Partido Comunista o de la Unión de Jóvenes Comunistas.

Mis abogados intentaron tranquilizarme. En el fondo, «todo el pescado estaba vendido». Lo que intentarían hacer era demostrar, ante la opinión pública, las flagrantes irregularidades del proceso y las mentiras de las pruebas fabricadas en mi contra.

En una sala contigua, la prensa internacional podría ver el juicio en una pantalla, en diferido, claro está, con la justa diferencia de tiempo que permitiera cortar si era necesario palabras o gestos inoportunos.

Entré en la sala del Tribunal Provincial Popular de Granma. Así, con su habitual retórica, había bautizado la revolución a ese órgano dependiente directamente del dictador. Había ocho o nueve filas de público. Una silla en el centro de la sala donde debía sentarme. A la izquierda, la mesas de la fiscalía; a la derecha, la defensa. Al frente, los cinco jueces.

Levanté la cabeza. Me sentí como un cerdo al que le llega su San Martín. Todo dispuesto para condenarme y sin que pudiera hacer nada más que bailar al son de la música orquestada.

Antes de que los últimos espectadores entraran tuve oportunidad de hablar de nuevo con Pepe y Tomás, el cónsul general de España. Los tenía justo detrás. Aproveché que nadie podía escucharme para decirle a Tomás que el móvil del cónsul auxiliar estaba pinchado, que la conversación con mi amigo, desde Bayamo, había sido escuchada por los cubanos. Asimismo pregunté una vez más si continuaba adelante con la versión oficial. Repitieron que volvería a casa y que tanto el Gobierno como el Partido Popular mantenían su apoyo.

Un funcionario ordenó absoluto silencio.

Entraron los jueces. Comenzó la farsa. Me preguntaron si quería declarar nuevamente. Los remití a mis declaraciones anteriores, sin repetirlas. Había firmado diferentes versiones. La verdadera, en el hospital, el mismo día de los hechos; las posteriores justificando la versión oficial y el montaje del Régimen. Contesté las preguntas de la fiscal intentando no ponerle fácil los pretextos para realizar mi culpabilidad. Tal fue la partitura teatral, que la fiscal pidió que se alterara el orden de los peritos, todos ellos militares. Especie de tragicomedia en la que iban exponiendo supuestas pruebas que ni siquiera aparecían en el expediente por el que se me juzgaba. Con el mes que habían ganado desde mi declaración de inocencia, montaron una especie de juicio a su estilo.

Sin embargo, en el turno de mi abogada todos sus argumentos fueron desmontados. Con las pruebas que habían fabricado no podían siquiera condenarme. De hecho hasta cambiaron la tipología del suelo para poder decir que circulaba sobre tierra en vez de asfalto. Y los tres testigos que dijeron verme llevaban las declaraciones apuntadas a boli, en la mano. Además de contradecirse entre ellos cuando mi abogada los apretó, ninguno supo explicar quién más estaba en el lugar de los hechos, en qué coche nos habían llevado al hospital, si había participado o no la policía o el ejército. Solo repetían que se les había adelantado un instante antes del «*accidente*» y que, cuando se aproximaron al lugar de los hechos, ya había personas auxiliándonos. Personas así, sin precisar, sin identificar. Personas salidas de la nada, pues nadie más supuestamente les adelantó. Inverosímil.

A pesar de lo difícil que se me hace retomar aquellos días, éste ha sido uno de los principales motivos que me ha llevado a escribir mi testimonio: defenderme, contar la verdad, mi alegato completo de una muerte bajo sospecha que cambió mi vida, ¿Qué sucedió en realidad la tarde del 22 de julio de 2012? ¿Cómo murieron esos dos valientes? ¿Cómo es posible que nosotros no sufriéramos ni un rasguño y ellos perdieran la vida viajando detrás? Desgraciadamente me sacaron tan aturdido y rápido del lugar, que hoy no puedo contestar con exactitud a esas preguntas. Aunque la verdad se pueda enterrar bajo mil kilos de hormigón tarde o temprano emergerá. Espero que a esas preguntas contesten los gobernantes de Cuba delante de un tribunal algún día.

La inquisición dejó de existir hace mucho. Sin embargo en Cuba, al parecer, ha perdido su carácter religioso, y ha tomado sus propios matices de modernidad. A mi defensa se le impidió aportar peritos o expertos que proporcionaran una versión diferente a la del Régimen. No pudieron acceder a las pruebas e incluso se les negó información de la que sí disponía la fiscalía. Pero daba igual, fueron tan aplastantes los argumentos de mi defensa que las fiscales y los peritos militares sudaron para poder contestarles.

Trabajo encomiable: vencieron el miedo a defender a un enemigo de la revolución y a evidenciar la gran mentira que se había montado en torno a la muerte de Oswaldo Payá y Harold Cepero. Siempre estaré agradecido a estas abogadas tan valientes durante todo el proceso.

Cualquiera que conozca las carreteras del interior de Cuba sabe perfectamente que debido a su lamentable estado, es físicamente imposible transitar por ellas ni siquiera a una velocidad moderada. Un coche no puede volar sobre boquetes e intervalos de carretera totalmente deteriorados. La velocidad era el único argumento de la fiscalía. Y las huellas que el coche describió, demostraban claramente que no sobrepasaba los 70-80 kilómetros hora.

El gobierno cubano, enloquecido con ganar la batalla mediática, empezó diciendo que yo circulaba a más de 140 kilómetros hora y que el coche había dado varios giros de 360 grados, más tarde bajó la velocidad a 133 kilómetros hora y dijo que habíamos impactado contra un árbol. Finalmente ante la evidencia mantuvo que circulaba a más de 100 kilómetros por hora.

Asimismo, explicaron que el árbol contra el que supuestamente impacté era muy duro y, pese a su corto diámetro había ocasionado un gran desperfecto en el coche. Otra falacia ridícula. Por las fotos que mostraron, el árbol debía de ser de acero. La verdad es que era un árbol fino e insignificante y éste no estaba roto, ni siquiera torcido, no tenía rastro alguno de haber sido golpeado por un vehículo a gran velocidad. Al igual que el resto de fotos que mostraban del estado del automóvil, se podía ver que había sido misteriosamente cambiado de lugar en varios momentos. Aparecía unas veces cerca de un riachuelo, otras dentro de la maleza y otras al lado de la carretera. Hilarante. También se iban modificando los golpes que tenía; los embellecedores y guardabarros, aparecían o desaparecían según qué foto se mirase. Burda operación mediática cuyos flecos sueltos empezaban a aflorar para la opinión pública. Era de tragicomedia.

Después de once horas de juicio, con intermedio para que una de las jueces se repusiera puesto que le había dado un desfallecimiento, y para que mi abogada pudiera inyectarse una medicina debido a un ataque de asma y alergia, se levantó la sesión.

Visto para sentencia.

De vuelta a la casa militar donde me encerraron, Águilas se volvió hacia mí. Preguntó si estaba satisfecho con lo que había pasado.

«*No*», respondí.

Lo miré y caí en un silencio profundo, interminable.

Toda revolución se evapora y deja atrás
solo el limo de una nueva burocracia.

FRANZ KAFKA

10

La espera

Regresé a La Habana, a la cárcel de Cien y Aldabó. Atrás quedaba el juicio. Me sentía aún exhausto de la tensión sufrida. Soportaba con impotencia esa situación que Kafka describió tan bien: la condena inocente, en la que tropiezas contra un muro despiadado, sin posibilidad de defensa.

En estados como el cubano, como el de Corea del Norte, como el de la antigua Unión Soviética o la Alemania de Hitler, el ciudadano sabe que, si se le condena, no hay salvación posible, porque todo funciona como una fría maquinaria, una guillotina manejada desde el poder.

A mí, acostumbrado a un estado de derecho, todo esto me parecía insólito, imposible, brutal. Tal vez, en ese momento, comprendí qué significa vivir en una democracia.

Son cosas que se saben, y no se valoran lo suficiente, hasta que se pierden, y entonces, se distinguen con mucha más nitidez.

El viaje de vuelta en avión se realizó en las mismas condiciones que el de ida. Los mismos mandamases, aquellos que habían orquestado la farsa judicial, estaban en la zona VIP del avión celebrando a carcajadas el éxito que suponían haber obtenido. Mientras, yo pensaba en las incongruencias que cualquier avezado periodista que hubiera seguido el juicio podría haber detectado. Tenía duda de si habían mostrado todas las imágenes o si, como siempre, el Régimen había seleccionado las mejores para editar un vídeo trucado y demostrar lo imposible.

Cuando me dejaron en mi celda, antes de cerrar la puerta, el Teniente Coronel Águilas me dijo, con socarronería y apuntándome con el dedo: «*Lo mismo te declaran inocente*».

Lo primero que hizo mi compañero de celda fue preguntarme por el juicio. A pesar de que no me apetecía hablar, fue imposible eludirlo. Me interrogó por cada uno de los detalles.

Tenía miedo. El miedo es algo esencial en el modo en que el totalitarismo mantiene el poder. No quería que el enfado me llevara a decir algo improcedente, que pudieran utilizar en mi contra.

Por delante tenía quince días, los que aproximadamente tardarían en redactar la sentencia, según habían dicho los abogados. Mi único consuelo durante ese tiempo serían los libros y las cartas que me habían dejado recibir de amigos y políticos de España y que me daban ánimo para seguir adelante. Las leí durante mi encierro miles de veces, las leía escuchando mentalmente la voz de los autores y así me parecía estar teniendo una conversación con ellos. La verdad que solo puedo agradecer aquellas muestras de cariño que en forma de carta me mandaban para intentar animarme y donde dejaban patente lo mucho que me echaban de menos.

❋ ❋ ❋

Me comunicaron la sentencia el quince de octubre, es decir, diez días después del juicio.

Esa decena de días los dediqué a pensar y a anotar, en la contraportada de un libro, algunas de las cosas que habían sucedido. Conseguí mantener conmigo aquel bolígrafo que me había agenciado en Bayamo, así que, como no me fiaba de mi memoria, ni sabía el tiempo que pasaría allí y tampoco quería olvidar, anoté las impresiones y recuerdos más importantes.

Por suerte las visitas de Águilas se hicieron más espaciosas. Vino a verme solo dos veces en esos días, algo muy diferente a lo que me habían acostumbrado hasta entonces. En mi cabeza rondaban dos posibilidades. Una, que fuera debido a que en la habitación en la que hablé con mi abogado español hubiera micrófonos, y escucharan cuando le reiteré que no fue un accidente; dos, que una vez celebrado el juicio-farsa, yo comenzara a carecer de importancia para ellos.

Cuando me comunicaron la condena a cuatro años de prisión no lo pude creer. Aunque en ningún momento pensé que fueran a dejarme libre, tampoco podía asumir ser condenado por los artífices del delito.

Al día siguiente, me darían la sentencia y podría ver a mis abogados. Me habían dicho además que según el sistema cubano la sentencia devendría firme a los diez días, que podría recurrir en recurso de casación ante algo así, como el Tribunal Supremo cubano. En el juicio se habían producido suficientes irregularidades para poder hacerlo. Ahora bien, ¿para qué recurrir en un país en el que no hay garantías procesales? Antes de reunirme con mis abogados, un funcionario del Estado cubano me hizo entrega de la sentencia. Todo era un conjunto de falacias mal orquestadas. Parecían escritas antes de celebrarse el juicio. No se esforzaron ni en introducir argumentos de peso, razonados, para culparme. Sin duda ellos confiaban en su show mediático, los resortes comunistas instalados en varios medios del extranjero hacían el resto.

Me impresionó ver también que el tiempo para ellos se medía a partir del triunfo de la revolución cubana de Fidel Castro. Había sido condenado en el año 54 de la revolución. Todo un bofetón para cualquier demócrata.

Mis abogados no podían decirme mucho. Creían que habiéndome podido condenar a todo el tiempo que quisieran y sin que hubiera podido defenderme a partir de la verdad, aceptar la sentencia solo era un paso más en el plan. La duda era si esos pasos llevaban hacia mi libertad o simplemente hacia un agujero sin salida.

Por supuesto que, jurídicamente, había motivos sobrados para recurrir, pero eso solo alargaría el tiempo que estaría en Cuba y, además, allí no existe la segunda instancia. Cuando te condenan, los hechos probados son irrefutables, solo se puede recurrir la forma del proceso. Y con unos órganos judiciales totalmente dependientes del partido comunista, ¿qué sentido tendría insistir en ello?

Desde Madrid se veía de igual forma. Por tanto desistí defenderme de la versión oficialista en sus tribunales políticos siempre a su servicio. Nada conseguiría.

El cónsul pensaba lo mismo. En España se había tomado con alivio que la condena fuera menos de cinco años. Más tarde descubriría el porqué.

Además, las negociaciones estaban dando sus frutos. El gobierno cubano, satisfecho con mi comportamiento, no había querido condenarme por ayudar a la disidencia, cosa que me habría acarreado una pena de varias décadas y comprobé que mientras más sumiso a sus tesis me mostrase, mejor me tratarían.

Tomás me informó asimismo de que el Canciller cubano acudiría a la Cumbre Iberoamericana que se celebraría en Cádiz los días 16 y 17 de noviembre. Sin duda, un hecho importante, pues estando en España seguro que sería preguntado por mi situación. Indagué en cómo iban las gestiones para mi expulsión. Me contestó que por buen camino. Él esperaba que pudiera pasar la Navidad en casa. De cualquier modo no se podía empezar el trámite formal hasta que la sentencia fuera firme, o sea, hasta que acabaran los diez días hábiles de plazo para recurrir. Y aunque ya había confirmado que no lo haría, debía esperar el paso de esos días y luego volver a firmar la solicitud.

Mis condiciones de vida mejoraban.

Empezaron a sacarme a diario de la celda para poder caminar y entonces pude ver el complejo en el que me encontraba.

Se trataba de una unidad de interrogatorio. Las condiciones de reclusión eran pésimas, se suponía que a los cubanos presos allí los forzaban para la confesión. Una vez conseguida los trasladaban de cárcel. Ni siquiera tenía un patio como en una cárcel habitual. Unas unidades de instrucción anexas a las celdas, además de aulas de clases para militares, completaban el espacio.

Había otro edificio separado de la unidad central. Eran las oficinas del coronel a cargo del complejo. Justo en frente tenían una unidad canina donde entrenaban a los perros que buscaban droga y, más adelante, una unidad de coches patrulla del Ministerio del Interior.

Al principio solo podía caminar por la carretera que unía a estos edificios, siempre acompañado de dos militares. Con el paso de los días se relajaron y solo me custodiaba uno. Pude bajar también a la zona más apartada, donde entrenaban las fuerzas especiales y estaban los almacenes de logística.

Los militares con los que me cruzaba me miraban extrañados; incluso algunos de los oficiales me saludaban. Todo esto era bastante paradójico. Por mi parte, quería memorizarlo todo. Si al final conseguía volver a casa cuando me preguntaran por lo vivido, tendría que contar mi historia. Estaba convencido.

Hasta ese momento dormía mal. La gomaespuma que hacía de colchón no amortiguaba el peso de mi cuerpo y como se me inflamaban las costillas tenía un fuerte dolor en el pecho. Recurría a las inyecciones para paliar el dolor. Pasado el juicio, siguieron las mejoras en el trato. Obtuve una nueva lámina de gomaespuma que puse encima de la que ya tenía y empecé a dormir algo mejor.

Las visitas del cónsul eran avisadas unas horas antes. La siguiente vez que vino a verme, Tomás estaba ansioso. Había pasado ya un par de semanas y venía con nuevas cartas y tabaco. Todo parecía como siempre pero en el transcurso de la conversación me percaté de cambios en los planes iniciales.

No sería expulsado, sino que me trasladarían a cumplir la condena en España. Le pregunté si esto implicaba que tendría que seguir en la cárcel. Me dijo que no me podía decir más y que, por favor, estuviera tranquilo. A pesar del entusiasmo que intentó transmitirme, yo no entendía lo que estaba pasando.

Firmé la solicitud de traslado mientras insistía en que confiara en él, que todo iría bien.

Subí consternado a la celda. ¿Qué había cambiado? Yo era inocente y ellos lo sabían, ¿cómo era posible que aceptaran el cumplimiento de una injusta condena en mi propio país? A este pensamiento se sumó el miedo con el continuamente intentaban emponzoñarme: de que mi gobierno y mi partido me habían abandonado, que solo era un problema, un estorbo para ellos.

De cualquier forma, me consolaba pensar en el regreso, de una manera u otra, parecía que iba a poder volver. No sé cuánto tiempo más pasaría desde la firma de los papeles hasta que el Régimen decidiera liberarme. Iba tachando los días. El mes de diciembre se acercaba. Ya no venían a verme los abogados: la monotonía aumentaba.

La siguiente visita no fue de Tomás, sino de la nueva cónsul auxiliar, quien había sustituido al primero que conocí en Bayamo. Desgraciadamente, no traía información nueva. No conocía detalle alguno sobre el proceso; su visita tan solo sirvió para sentir que no estaba tan solo y actualizarme sobre algunas novedades que sucedían en el mundo.

Según mis cálculos ya debía haberse celebrado la Cumbre Iberoamericana. Estaba ansioso por saber qué se había comentado allí y si se había hablado de mí.

Obtuve respuesta en la siguiente visita de Tomás. Me dijo que, en efecto, se había preguntado por el tema al canciller cubano Bruno Rodríguez. Parecía que todo se encaminaba. Tanto el rey como el presidente del país habían hecho gestiones fructuosas que, sumadas a las de la Iglesia, habían conseguido la confirmación de mi regreso. Volví a preguntarle si mi condena tendría vigor en España; me reiteró que estuviera tranquilo.

Aunque la siguiente anécdota no me serenó en exceso: me contó que el Ministro de Exteriores español, durante una comparecencia en el Senado, se había referido a mí como secuestrado y luego se había disculpado. La frase, no obstante, molestó a las autoridades cubanas. Un lapsus de este estilo es usual. En diplomacia a veces hay que llamar a las cosas por otro nombre para conseguir los objetivos. En un perfecto ejercicio de *real politik* se estaba consiguiendo traerme de vuelta al precio de tener que reconocer la validez de un juicio farsa y de una versión oficialista de hechos manipulados donde yo no era culpable, y si de algo lo era y lo soy a día de hoy es de ayudar a las personas que buscaban libertad y derechos para su pueblo.

Me informó además de que una delegación de directores generales del Ministerio de Justicia se iba a desplazar a Cuba para firmar un memorándum con los detalles de mi traslado. Esto significaba que mi vuelta podía producirse en breve.

Aparecieron nuevas mejoras en mis condiciones de vida. Me dieron un ajedrez. Podía jugar con mi compañero de celda; incluso en la carretera por la que andaba, había militares con los que jugué alguna vez.

La orquesta funcionaba. Había cámaras para grabar cada movimiento. Es decir, antes de mi eminente regreso ahora se preparaba la *«película»* del trato digno. Como era consciente de ello, miraba a las cámaras para que supieran que conocía la artimaña.

Era una suerte de *«Gran Hermano»*, capturando tomas, donde incluso cometieron errores. Un día mi compañero de celda, ese que se hacía pasar por un preso más, apareció con dinero y en la carretera compró una bebida.

¿De dónde salió ese dinero? Era inverosímil, rozaba el absurdo. Así son estos regímenes totalitarios. Exageran todo, aunque resulte increíble y por supuesto se les escapan los detalles.

Debo decir que, o las condiciones cambiaban dependiendo del responsable que hubiera cada semana a cargo del complejo, o quizás todo correspondía a un plan para confundirme, para mantenerme inseguro, en constante desasosiego. De repente, un día, sin previo aviso, volvían a tenerme encerrado sin salir durante toda la semana salvo los domingos. ¿Exceso de celo?, ¿habían conseguido las imágenes que querían?, o sencillamente, ¿buscaban mantenerme desconcertado?

Mantener la incertidumbre permanente es uno de los trucos de estos regímenes. El ciudadano, y no digamos los presos, viven en permanente agitación. Nadie se relaja, y tampoco existe la posibilidad de reflexión. Si a eso se le suma la terrible y permanente lucha por la supervivencia, ¿quién, qué héroe, es capaz de organizar la disidencia? De ahí el extraordinario valor de figuras como Oswaldo Payá y Harold Cepero.

Avanzaba el mes de diciembre y continuaba sin tener noticias definitivas. Además mi compañero de celda había sido ingresado por una supuesta neumonía. Otro preso lo sustituyó. Por lo visto yo no podía estar solo.

No recuerdo su nombre. Solo que pasaba el día leyendo un libro de santería. Era al parecer un fanático religioso yoruba, una creencia de dioses africanos mezclados con santos católicos, a los que los estudiosos han llamado sincretismo. La verdad es que no me hablaba y me alegré cuando regresó el primer compañero, y a éste se lo volvieron a llevar.

Al fin volvió a visitarme el cónsul. Me dijo que ya estaba acordado, el traslado sería antes de enero. Vendrían agentes de la Interpol a Cuba y me llevarían con ellos. Al principio estaba previsto que viajara solo pero decidieron que otro preso español, condenado por tráfico de estupefacientes, también sería trasladado.

La situación me provocaba cada vez más temor. No podía hablar claramente con el cónsul y los planes cambiaban sin saber hacia dónde. Pasé días muy tensos.

A mediados de diciembre, Águilas me dijo que vendrían a hacerme una entrevista para la televisión oficial. Pregunté si me podía negar. Respondió: «*tú verás lo que haces*».

Mi actitud estaba cambiando. Sabía que me enviarían a España y no quería seguir colaborando con ellos. Así que le dije que lo consultaría con el cónsul en su próxima visita. Ésta se produjo al día siguiente.

Tomás me dijo que los agentes de la Interpol llegarían en unos días y que, una vez en Cuba, el tiempo máximo para que mi custodia pasara a sus manos sería de tres días.

Cada vez me sentía más cerca de España. No podía creer que finalmente mi cautiverio estuviera llegando a su fin. Le conté lo de la entrevista, estuvimos de acuerdo en que para nada era recomendable negarme. Haría esa entrevista, solo que esta vez sería a mi manera.

Se despidió. La próxima vez que nos veamos será en el aeropuerto, afirmó, allí hablaremos. Deduje que podríamos hacerlo en privado. Por su expresión, entendí que tenía muchas cosas que contarme. Y tanto que sí.

Yo bendigo al Señor que me aconseja;
hasta de noche mi conciencia me advierte.

SALMO 16,7

11

Haz lo que dicte tu conciencia…

Ya solo faltaba esperar, en cualquier momento ordenarían que recogiera mis cosas.

Antes, por supuesto, tendría que hacer la entrevista final, la entrevista pidiendo perdón por las molestias ocasionadas en el país desde la llegada hasta la salida.

Pasaba los días intentando, sin conseguirlo, dormir el máximo tiempo posible. Cuando sabes que pronto algo bueno va a ocurrir, quieres que el tiempo pase rápido, que llegue el momento deseado. Pensaba en cómo sería el regreso a casa. Imaginaba qué encontraría después de cinco meses de ausencia. Mi familia y mis amigos estaban esperándome, lo sabía, gracias a las cartas que me habían hecho llegar. La sensación de compañía y afecto cercano, me hacía ver, con mayor nitidez, lo frío y árido del lugar en que me hallaba. Cuando se acerca el fin de una etapa, las circunstancias se viven con mayor intensidad. Estaba ansioso.

Águilas regresó un día con la orden de que lo acompañara. El equipo de televisión cubana estaba preparado.

En esta ocasión, y por primera vez, serían civiles.

Fuimos a la misma sala de mis reuniones con el cónsul y los abogados, allí habían montado un set de grabación: dos cámaras en sus trípodes, luces, dos periodistas sentados y una corte de gente alrededor que no parecía hacer nada, simplemente mirar. Colocaron en mi camisa un micrófono inalámbrico e indicaron dónde debía sentarme.

Cuando Águilas se acomodó en un lateral de la sala, los periodistas se presentaron: eran los encargados de las noticias de la televisión oficial cubana. Hicieron pruebas de sonido, de imagen y comenzamos, no sin antes invitarme a que sonriera y me mostrara tranquilo. Mi rictus de seriedad y consternación era evidente. No podía hacer lo que pedían, mi ánimo no se encontraba para risas y frivolidades. Nada tenía que celebrar. No solo estaba preso en un país lejano, dos hombres habían muerto –uno de 60 y otro de 32 años–, además la ansiosa esperanza de que faltaran horas para salir de Cuba no hacía fácil que me plegara a sus peticiones.

No tenía ganas de jugar; tampoco de prestarme a sus juegos.

Las entrevista iba dirigida, principalmente, a que revelara lo bien que había sido tratado. Asimismo, a que declarara la «*maldad*» que había motivado mi viaje a Cuba. Es decir, que alevosamente había intentado entorpecer y torpedear su muy justa y querida Revolución.

La periodista no fue hábil preguntando. Quizá estaba nerviosa, quizá olvidó, olvidaron, que yo era un político y que, como tal, había aprendido a responder entrevistas en medios de comunicación. Yo intentaba esquivar cada pregunta, para así eludir la respuesta que esperaban. No lograban escuchar lo que querían.

Hubo una pregunta especialmente torpe: querían saber qué me había parecido las declaraciones que grabaron a Aron antes de irse de Cuba rumbo a Suecia. Asombrado contesté que no podía opinar sobre algo que no había visto. Cuando preguntaron por qué no, alegué que estaba encerrado en el calabozo de Bayamo y que nadie me había mostrado tales declaraciones.

También se interesaron por lo que opinaba sobre el tratamiento y la repercusión que el caso había tenido en el extranjero. Con toda simpleza, repliqué que solo podía ver la televisión cubana y que en ella no se mostraba ninguna información que me diese esa respuesta.

En otra pregunta intentaron que aclarara si había cambiado mi concepto sobre la isla. Con toda naturalidad, dije, claro que sí, he conocido a personas maravillosas, que luchaban por la libertad de su pueblo y que han muerto defendiendo una noble causa; y además, he sufrido en mis propias carnes la tiranía comunista.

La entrevista duró poco. Las respuestas no respondían a sus planes. La verdad, me daba igual. El cámara y Águilas me miraban estupefactos. No daban crédito. La periodista, que llevaba la voz cantante, hizo una petición tácita a su compañero de que continuara él. No sabían qué hacer.

Cuando se despidieron, descubrí la decepción.

Águilas me acompañó a mi celda y preguntó si estaba seguro de lo que había hecho. Afirmé. Recordó entonces, con tono dominante, que aún no había salido de la isla, que no me confiara.

Durante cinco meses había sido dócil, había dicho y hecho lo que ellos querían y esperaban, me había comportado de forma que no despertara ningún temor en ellos. Ahora, a falta de tres días para irme, el sufrimiento, las humillaciones y el sometimiento se rebelaban dentro de mí.

Quería acabar con la farsa y no seguir siendo una marioneta en sus manos.

Los siguientes dos días los pasé sin recibir visita alguna. Acompañado únicamente por mi compañero de celda, a quien de repente notaba contento. Supongo que porque su trabajo y su encierro terminaban con mi salida de ese calabozo. Cuando yo volviera a España, él recuperaría la libertad, dejaría de hacerse pasar por quien no era, quizás conseguiría un ascenso, si es que funcionan así las cosas en el Ministerio del Interior cubano. Yo nunca lo sabré.

Águilas reapareció al tercer día. Pidió que lo acompañara, debía recoger mis pertenencias, depositadas en un almacén.

De regreso a la celda, hizo un inventario de mis cosas. Lo mismo que cuando las recogí del hotel y las subieron al depósito. Me devolvió además el pasaporte y dos teléfonos móviles, el mío personal y el otro que usaba para comunicarme con Oswaldo, los habían forzado y roto. Al finalizar, dijo que íbamos al aeropuerto en ese mismo instante.

Acababa por fin mi cautiverio, pero antes tendría que despedirme de algunas personas. Me hizo una sugerencia final, palabras que me acompañan desde mi regreso a España y que vuelven una y otra vez a mi cabeza, aterrorizándome al recordarlas. Advirtió que tuviera cuidado, que si hablaba de más o comentaba cosas que pudiesen perjudicar al Régimen, tenían motivos y posibilidades suficientes para acabar conmigo mediática o incluso físicamente. Nadie me protegería de estas represalias. Con esto grabado a fuego en mi cabeza, llegué a la sala de siempre.

Allí estaba el Coronel Llanes, acompañado esta vez por un buen número de militares. A Llanes lo había visto por primera vez en Bayamo. Allí fue responsable de la grabación del vídeo en el que me forzaron a base de bofetadas a contar su versión oficial. De nuevo descubrí el set de grabación; con la salvedad, en esta ocasión, de que los civiles habían sido sustituidos por militares. Tantos los cámaras como los improvisados espectadores vestían uniforme verde oliva.

Se repitió la entrevista de un par de días antes. Ahora buscaban mejores y más contundentes respuestas. Tampoco las consiguieron. Volví a responder con evasivas, con ambigüedades y sofismos. Llegue hasta recordarles que los cubanos, cuando tienen hijos con diferentes mujeres, solo se ven obligados a darles el equivalente a dos o tres dólares mensuales como manutención. No sé realmente por qué llegué a ese punto pero tal nivel de tensión alcanzó la entrevista, que al final solo me pidieron que sonriera, que mostrara naturalidad y confianza. Justo lo que yo no quería. Pero ya me iba.

Salí de la sala por la puerta que daba a la carretera, donde esperaba una furgoneta en la que introduje mi maleta.

Conforme nos acercábamos a la salida del complejo, se sucedían en mi cabeza innumerables pensamientos. Recuerdos de lo que había pasado, de la tortura a la que había sido sometido, de la incertidumbre de lo que ocurriría, una vez de regreso a casa y, sobre todo, pensaba en las palabras del Coronel Águilas.

Al cruzar la barrera levadiza, me despedí para siempre de aquella cárcel política.

Mientras volvía a cruzar las estropeadas carreteras de La Habana, adelantando a los transeúntes a pie o en bicicleta, recordé una vez más a Oswaldo Payá y a Harold Cepero, su extraordinaria bondad, su fuerza, su energía, su optimismo, su fe en la libertad y en lo duro de su injusta muerte. En cuanto llegue a Madrid, me dije, contaré la verdad.

En ese instante, ya daba igual lo que pudieran hacerme. Que estuviera vivo era un regalo por el que había rezado e implorado durante largas e innumerables noches. Solo quería o necesitaba un día en mi casa, poder despedirme de los que quería, arreglar cuanto tenía pendiente. Y si después el Régimen y sus largos tentáculos actuaba, yo lo aceptaría una vez más.

Sin embargo se abría una nueva esperanza. No iba a traicionarme a mí mismo, a la verdad. Mucho menos iba a traicionar la memoria de estos dos héroes.

Llegamos al aeropuerto. Casi no lo reconocía. Había pasado tanto tiempo desde aquel mes de julio en el que llegué a la isla...

Nos introdujimos por las pistas de despegue hasta una especie de salones de espera que daban directamente al exterior. Allí debía aguardar la llegada del personal consular de la embajada.

Tensa espera. El teniente coronel Águilas, otro teniente médico, dos militares más y yo. Todos hablaban lo justo. El otro preso con el que me trasladaban a España se hallaba en una sala contigua.

Llegaron los agentes de la Interpol que me trasladarían, acompañados por Tomás y un nuevo consejero de defensa de la embajada –el anterior, el que estuvo en Bayamo nada más detenerme, había sido sustituido.

Los de la Interpol eran una mujer y un hombre con alrededor de treinta años. Mientras que los militares hablaban con los diplomáticos, pude conversar un rato con ellos. Se mostraron extremadamente amables. Se hallaban al tanto del más mínimo detalle hasta el punto de creer en mi inocencia.

Comenzó el protocolo de entrega.

Me obligaron a firmar un documento en el que se mencionaban mis pertenencias y las perfectas condiciones físicas y mentales en las que me encontraba. Como de costumbre, estaban grabando con una handicam cuanto sucedía en la sala. El show aún no había acabado.

Ante la presencia de quien dijo ser el médico que había ido a Bolivia en busca de los huesos del Ché Guevara, me quité la camiseta para confirmar que no tenía cardenales. Una vez concluido el ritual, el policía de la Interpol firmó y se hizo cargo de mi custodia hasta llegar a España.

Cuando rubriqué los documentos, todos se pusieron de pie. Comenzó otra rigurosa espera. Faltaba tiempo para el embarque, sería en un avión comercial.

El cónsul y yo nos apartamos para intentar hablar, fue la primera ocasión que, en voz muy baja, pudimos estar en confianza y sin que nadie escuchara cuanto decíamos. Primero pregunté si ya no había marcha atrás, si en el caso de que las autoridades cubanas intentaran retenerme por segunda vez, lo podrían hacer. Me confirmó que en ese momento solo era competencia de la Interpol y que, por tanto, en caso de que lo intentaran, los policías europeos se opondrían.

Lo más significativo de la conversación vino más tarde. Me explicó el cambio de planes iniciales. Ya no iba a la cárcel de Soto del Real sino a la de Segovia, allí me conducían. Inquirí que cómo era posible que fuera a una cárcel si sabían que era inocente. Respondió que era lo único que se podía hacer para sacarme de Cuba. Que el régimen había puesto numerosas exigencias, como la de tener que reconocer la validez del juicio farsa y realizarlo en declaración pública. De manera que, una vez en España, tendrían que clasificarme como preso y, en cuestión de días, podría obtener el tercer grado penitenciario: si legalmente era posible. Esta figura penitenciaria consiste en un régimen de semilibertad que permite el contacto con el exterior. Se debe dormir en un centro especial, pero si te engrilletan con una pulsera telemática puedes dormir todos los días en tu domicilio particular guardando unos horarios y acudiendo a revisiones mensuales.

Una vez realizado ese inevitable paso, podría pedir el indulto, y estando la familia de acuerdo y habiéndose denunciado hasta la extenuación toda la mentira urdida por el régimen de los hermanos Castro, no habría problema en conseguirlo.

Con el paso del tiempo se revelaría que esto era una ilusión. Nada más que una ilusión.

El cónsul advirtió que habría gente que tenía claro que yo debía callar para siempre. Otros, por el contrario, querían que contara la verdad.

Demasiada información. Me estallaba la cabeza. En seis meses no había podido hablar en libertad; ahora, de pronto, entre susurros, podía percatarme de que el infierno cubano parecía extenderse, que las ramificaciones se tornaban intensas y extensas, que podía convertirse en otro infierno en mi propio país.

Le pedí una recomendación. Fue sincero: «*haz lo que te dicte tu conciencia*».

Mi conciencia. En efecto. Ésa sería mi divisa en el futuro.

Explicó, al mismo tiempo, que Esperanza Aguirre, presidenta de mi partido en Madrid, quería acompañar a mi madre y de ese modo poder encontrarse conmigo a mi llegada a España. Yo tenía que autorizarlo. Accedí, por supuesto. Accedí con satisfacción y alegría. Me había sentido completamente solo, y que mi referente político quisiera verme después del infierno pasado haría que me sintiera arropado en un regreso en condiciones tan adversas.

El avión estaba listo: la conversación terminó.

Nos dirigimos a la pista de despegue. El cámara militar cubano continuó captando obsesivamente cada detalle.

En el instante en que me dispuse a subir por las escalerillas traseras, los oficiales cubanos se acercaron, me tendieron la mano. Devolví el gesto con evidente disgusto. Sin duda un gesto cortés de cara a la película que grababan. Pero no solo se trataba de una pose, también querían que viera la sutil advertencia que seguramente la cámara no captaría, la amenaza velada que se escondía en sus ojos.

Sus miradas exigían: No hables, no hables….

Pide que el camino sea largo…

«*Ítaca*»,
KONSTANTINO CAVAFIS

12

Regreso a casa

Iba en la última fila del avión. A mi lado, el policía que debía custodiarme. Delante iba el otro preso español que el gobierno cubano también había entregado. Fuimos los primeros en embarcar. Mientras subían los pasajeros, para evitar fotografías, me taparon con una manta. Dijeron que ya se había filtrado la noticia de mi vuelta a España. No querían que ningún periodista consiguiera la instantánea del retorno.

Las vejaciones no acababan aún.

Hablé con mi acompañante durante el trayecto, una conversación superflua: yo todavía estaba muy aturdido. Después de todo el estrés que había pasado en la «*entrega*», dormí casi todo el viaje.

Sí supe, en cambio, el debate que se había producido en España, entre la familia de Oswaldo defendiendo la verdad y mi inocencia, y algunos medios sosteniendo la versión oficial de la dictadura. Hasta aquel instante, no podía comprender la magnitud que, mediáticamente, estaba teniendo el caso.

La familia de Oswaldo Payá estuvo realizando declaraciones en todos los medios que les escuchaban; en ellas me exculpaban de responsabilidad y afirmaban saber la verdad sobre la muerte de Payá y Cepero. Las personas comprometidas con la libertad son muchas más de las que el régimen pretende hacernos creer. Por esa razón, había amigos del *Movimiento Cristiano Liberación* en el hospital militar adonde me llevaron después del fingido accidente. Ellos escucharon cómo policías y militares decían que fueron dos coches los implicados en el choque; vieron además cómo me pegaban cuando ya estaba en la camilla intentando preguntar por mis compañeros.

En consecuencia, la familia Payá fue la principal valedora de mi inocencia. Parte de la izquierda española y los amigos de los comunistas y del régimen, se negaron a reconocer este «*detalle*». Para ellos tienen más legitimidad los responsables de las atrocidades de los últimos cincuenta y cinco años, de su «*querida revolución cubana*», que la familia de los fallecidos que reclamaban a los cuatro vientos mi inocencia y revelaban la verdad de lo sucedido.

Cuando el avión estaba aproximándose a la pista de aterrizaje del aeropuerto internacional de Barajas, sentí una gran excitación. Sabía que me llevarían a la comisaría de Barajas para tomar mis huellas y otros datos, y que desde allí viajaría a la prisión de Segovia, hasta que me concedieran el tercer grado penitenciario, puesto que cumplía todos los requisitos legales, esto es, tener arraigo familiar, un trabajo y estar insertado en la vida social. Era obvio que los reunía todos.

Esperamos a que todos bajaran del avión. Salimos directamente a la pista. Un coche nos esperaba. Dijeron que daríamos un rodeo para impedir, otra vez, que se obtuvieran imágenes de la llegada. Aun así no se pudo evitar: al día siguiente mi imagen estaba en la prensa.

Desde ese momento, la prensa española acompañó cada uno de mis movimientos.

Al acabar de hacer el papeleo, nos dirigimos a Segovia. Entraría directamente en la prisión sin poder hablar con nadie, ni siquiera con mi familia.

El trayecto me pareció corto. El aeropuerto se encuentra a poco más de una hora de distancia. La entrada principal estaba atestada de periodistas por lo que entramos por una puerta lateral.

A pesar de eso, se captaron imágenes del momento, ya que el coche se detuvo a la entrada del recinto durante algunos segundos para que los portones se abrieran. No sabía si mirar a la cámara o agachar la cabeza. Decidí que yo no tenía nada de qué avergonzarme. Miré al objetivo esbozando una leve sonrisa.

Una vez dentro, pasamos a lo que llaman el módulo de ingreso. Allí, los funcionarios de prisiones tomaron de nuevo las huellas y el subdirector de la cárcel, que estaba esperándome, se entrevistó conmigo. Intentó calmarme. En realidad yo no sabía lo que era una cárcel. Había estado en Cuba detenido pero cualquier coincidencia, como vería después, era anecdótica. Ahora iba a estar en contacto con otros presos, como uno más. Recuerdo que cuando me preguntó cómo había sido tratado, rompí a llorar. Dijo que ahora nada pasaría, que por fin estaba a salvo.

Dejé mis cosas en la celda que tenía asignada, la número 14, y me presentaron a los presos que estaban en el pabellón de ingresos. Estaba integrado por reclusos no problemáticos, que realizaban algún trabajo dentro de la cárcel y que estaban a punto de cumplir sus penas para volver a la libertad. Fueron agradables conmigo. Explicaron cómo era su vida allí.

Recuerdo la sorpresa al ver que la cama tenía colchón. Después de seis meses, dormí cómodamente, y lo que era impensable hace unos días, sin temer por la vida. Descansé profundamente. No tenía que pensar si despertaría o no al día siguiente.

A diferencia del calabozo cubano, podía salir de mi celda, recorrer el pasillo del módulo, bajar al piso donde se encontraban el economato, el comedor y una sala de televisión. Al patio no estaba permitido salir por razones de seguridad, pero estas nuevas condiciones de vida eran una novedad y las disfrutaba.

Volví a acostumbrarme a la comida española. Recuerdo que el primer día comí lentejas. Sabían a gloria.

En el espejo del baño fui consciente de mi nuevo aspecto. Había perdido pelo, había adelgazado quince kilos y tenía el semblante triste. Más adelante mis amigos dirían que mi mirada no era la de antes, había cambiado.

Ya estaba en mi país por lo que previa autorización y petición podía recibir visitas.

Mi madre fue la primera en venir a verme. Pudimos hacer lo que se llama un *«vis a vis»*, abrazarnos y sentarnos juntos en una estancia dispuesta para ello. Cuánto había echado de menos aquellos abrazos. Lloré desconsoladamente y por primera vez me abandoné como un ser que necesita ayuda y protección.

Ese día Esperanza Aguirre también había ido a visitarme pero por culpa del papeleo no pudo entrar con mi madre. Lo que sí pudo es hacerme llegar una carta en la que decía entre otras cosas:

«Estoy aquí fuera donde he venido para acompañar a tu madre y apoyarla en estos momentos, hoy es un gran día porque has podido por fin volver a tu patria, el sufrimiento que has soportado por una dictadura comunista te va a fortalecer y hará crecer tu compromiso con la defensa de la libertad(…)»

Más tarde supe que la leyó ante los medios apostados en la entrada de la cárcel que hacían guardia permanentemente y que además afirmó que *«según la legislación española* Ángel *Carromero no es un delincuente».*

Esperanza Aguirre volvió a visitarme pocos días después. La autorizaron una vez completado el formulario necesario. El encuentro fue especialmente emocionante y conmovedor para los dos: La Jefa, así digo de ella con cariño, apareció detrás del cristal de la sala de visitas, cogí el teléfono para poder hablar y pusimos los dos instintivamente la mano en el cristal. Yo no terminaba de creerme la situación, estaba temblando. Preguntó si tenía frío. Respondí que tenía miedo y que no creía lo que estaba pasando.

Fue enternecedor y reconfortante sentir su calor, a pesar de la barrera de cristal. Durante la conversación me pidió que no le contara nada que no quisiera. Solo que hablara de lo que me apeteciera y que estuviera tranquilo, que podía contar con su total apoyo.

Me sentí tan bien y protegido que le conté todo cuanto llevaba acumulado durante meses. Conté todo, todo lo que recordaba en esos momentos. Ya en España, fui consciente de que me habían estado sedando, dando fuertes calmantes durante todos los meses que pasé confinado. Costaba un gran esfuerzo hacer memoria de algo de lo que no había podido hablar en tanto tiempo. Necesitaba ordenar los recuerdos, encontrar la manera de expresarlos.

El tiempo pasó rápido y nos avisaron que debíamos terminar. Le pedí ser yo el que contara la verdad cuando estuviera preparado. Ella lo comprendió y dijo que lo respetaría. Nos despedimos. Cualquier cosa que necesitara podía contar con ella.

Al ver esa noche las declaraciones que hizo, quedé impactado. La noté afectada por el momento que había vivido conmigo y por cuanto le narré. Contó algún detalle de mi cautiverio, sin duda, para que la gente se empezara a dar cuenta del infierno que había pasado.

Las demás visitas, al contrario de lo que se quiso pensar, del trato de favor en mi estancia en Segovia, fueron tras un cristal y con un teléfono. Mi familia y amigos pudieron verme después de largos meses a través de un cristal. También vino mi abogado, el cual me explicó el procedimiento legal que se estaba llevando a cabo mientras yo estaba encerrado. Todos me trajeron ropa, ya que la que tenía era de verano, también periódicos y libros.

Mi tiempo para llamadas también estaba tasado, diez llamadas de cinco minutos a la semana. Ahora que ya podía hablar con los míos era difícil racionarlos; los gastaba a principio de semana.

Una de las llamadas que realicé y que me provocó un profundo efecto fue la de Carlos Payá, hermano de Oswaldo.

–Hola Carlos, soy Ángel Carromero. Quiero que sepas que siento mucho todo lo que ha pasado y que voy a decir toda la verdad.

–Sabemos que eres inocente. Te agradezco mucho la llamada, mucho ánimo y nos vemos en cuanto salgas.

Era Navidad, la primera que pasaba alejado de mi familia y amigos. Observaba la realidad a través de la tele y la radio gracias a unos compañeros. En uno de los repasos que se hacen en esas fechas del año que ya se marcha, apareció mi vídeo de confesión, aquel que me obligaron a grabar en Cuba tras haberme golpeado. Fue impresionante. Maldije a todos los que me habían hecho pasar el infierno. No daba crédito, de cómo después de ver ese vídeo todavía la sociedad española seguía creyendo la versión castrista del accidente «*en tránsito*». Qué locura y frustración. Volví a conectarme con el mundo real pero este no era tan amable como yo había imaginado cuando desde Cuba soñaba con mi regreso.

Durante la espera en prisión, pude ver unas declaraciones de María Dolores de Cospedal en el programa *El Debate de la 1*, de la televisión pública española, en las que decía:

«El señor Carromero reúne todos los requisitos legales para darle el tercer grado y a mí me parece muy bien que se le conceda. Es un asunto grave, muy grave, y creo que hay que conocer toda la verdad. Hay que dejar al señor Carromero que tenga la recuperación física que se merece. ¿Qué es lo que tenía que hacer el gobierno de España? Lo indecible para traerlo lo antes posible a España (…)»

Sentí renovadas fuerzas y esperanza en que pronto saldría de prisión.

Clasificado como preso, el siguiente paso era esperar el tercer grado, que la junta de tratamiento penitenciaria se reuniera cuanto antes y no viese problemas en concedérmelo. Para esto, me hicieron numerosos exámenes tanto físicos como psicológicos. Al contrario de lo que todos pensaban, hasta yo mismo, estaba bastante bien.

Iban comunicándome los pasos y la información con cuenta gotas: estaba más informado gracias al teletexto de la televisión que a los responsables de mi encierro. El mundo exterior conocía más rápido que iba a ser de mí que yo mismo. Siempre me enteraba horas después que el resto.

El día antes del viernes 11 de enero de 2013 supe que salía de la cárcel de Segovia. Me habían concedido el tercer grado y mi amigo Borja vendría a recogerme y firmaría una declaración en la que se hacía responsable de mí durante ese fin de semana. A partir del lunes, debía pasar las noches en un Centro de Inserción Social, pero ese fin de semana sería «*medio-libre*».

Mi salida de la cárcel ha quedado reflejada en todas las hemerotecas. La puerta exterior estaba llena de periodistas y cámaras. Nuevamente se filtró cuándo sería ese momento y esperaban mi primera declaración en directo. De hecho, tuvimos que tomar precauciones y cambiar de coche en medio del camino a casa porque ya habíamos sido identificados gracias a las imágenes publicadas en los medios.

En ese trayecto y, desde el móvil de mis amigos, recibía y aprovechaba para hacer las llamadas que tanto tiempo había esperado a hacer. Fueron emocionantes. Viví momentos conmovedores en los que mis amigos mostraban todo el afecto que no habían podido trasladarme antes, esta vez con palabras, risas y llantos. Nunca olvidaré ese camino a casa.

Cuando llegamos al portal de mi casa nos encontramos otro aluvión de medios de comunicación.

Realmente estaba aturdido del seguimiento que hacía la prensa, del interés que suscitaba. Más tarde entendería el revuelo mediático que se había montado. Bajé del coche y estaban esperándome con la puerta abierta del portal. Las cámaras se cruzaron en mi camino pero pude entrar rápidamente.

En casa, esperaban mi madre y unos amigos. Estaba en estado de shock, todo era como un sueño, perdí el sentido de la ubicación. También estaba Pablo. Recuerdo que la última vez que había hablado con él imploré que hiciera cualquier cosa por traerme de vuelta. Lo había conseguido.

Me sentí un extraño en mi propio salón. No recordaba nada. Parecía que había dormido el día anterior en mi habitación y ahora despertaba de una pesadilla.

Les pedí que me pusieran al día rápidamente.

Quise hablar con los responsables del Gobierno y de mi Partido que habían trabajado en el retorno. Sin duda tenía una inmensa deuda por las gestiones del gabinete del presidente Rajoy y quería agradecer mi vuelta. Fue imposible contactar con el Ministro de Exteriores Margallo. De hecho nunca llegué a hablar con él.

Sin embargo, la Secretaria General de mi Partido, Dolores de Cospedal, devolvió la llamada que le hicimos. Estaba agradecido y así se lo hice saber. Dijo que pronto nos veríamos y que contara con el apoyo del Partido. Más tarde descubriría que, dentro de sus responsabilidades, ella no faltó a su promesa.

Quizá fue demasiado pronto para hacerlo, pero esa noche no dormí consultando la información que durante los casi seis meses se había publicado. Me sentí horrorizado. En ese tiempo se difamó gratuitamente. Me había convertido en presa fácil y cuanto más grande era la mentira, más audiencia conseguía el medio de comunicación del plumilla de turno. Como era de esperar también hubo medios comprometidos con la verdad que me respetaron y en todo momento situaron la balanza de la justicia del lado de la familia

Payá. Despeje cualquier duda que tuviera al respecto: o hablaba y contaba la verdad, o la dictadura habría ganado. Y eso no lo podía permitir, pesara a quien pesara y aunque mi indulto estuviera en juego.

La verdad os hará libres.

JUAN 8:32

Epílogo

Quiero insistir en una verdad rotunda: soy inocente. A los culpables de la muerte de Oswaldo y Harold deben buscarlos en su propio país, en la cúpula de la dictadura cubana. He relatado en este libro una parte, solo una parte, de lo que fueron esos casi seis meses en Cuba.

Es posible haya olvidado algunos detalles. Es posible que no haya logrado mostrar el horror tal cual lo viví. La mente humana se defiende y olvida los peores recuerdos para poder continuar adelante. Pese a ello, he intentado revivir momentos duros, me ha llevado mucho esfuerzo y dolor. Procuro que la realidad que en su momento se intentó ocultar, vea la luz en estas páginas.

Arrojar luz sobre las sombras. Contar la verdad, la realidad de los hechos. Ésa es la razón principal por la que he escrito este libro.

Los cubanos están hoy más solos. Sé que a partir de mi terrible experiencia muchos de los que pensaban viajar a Cuba para apoyar a los luchadores pacíficos de la libertad, será más difícil que lo hagan. Me gustaría que las organizaciones que apoyan a los opositores cubanos no dejen de trabajar en esta noble causa.

Continúo vivo y cada día doy gracias a Dios por ello. Siempre he sido fiel a mis principios, a mi conciencia. Descubrí quienes eran mis amigos verdaderos. He cosechado nuevas amistades. He descubierto falsedades y el malsano interés de algunos. Por suerte, ahora miro la vida desde otra perspectiva, valoro cosas que antes no tenía en cuenta y resto importancia a otras que antes me parecían prioritarias.

Sirvan estas líneas de apoyo a todos los defensores de la libertad en el mundo y especialmente a los de la isla de Cuba. Los que quieran seguir mirando hacia otro lado…, allá ellos. No es, ni será mi caso.

A continuación con estas últimas respuestas a las preguntas más reiteradas durante el llamado «*caso Carromero*», quiero dejar bien claras, de una vez y por todas, cuantas dudas o incógnitas quedaran.

Éste es mi alegato.

Éste es, también, mi homenaje a Harold Cepero y Oswaldo Payá…

¿Por qué no hice declaraciones nada más llegar a España?

Al llegar a España a mediados de enero solo pude dormir en mi casa durante los fines de semana. En el mes de febrero me pusieron una pulsera en el tobillo telemática, que a día de hoy sigo llevando y que vigila mis movimientos. Por ello, hasta entonces no pude descansar cada día en mi casa y empezar a reponerme de todo lo que había pasado. Tardé más en recuperarme mentalmente. En marzo, dos meses después de mi llegada, di una entrevista a *The Washington Post*. Después de un tiempo prudencial estaba preparado para dar mi versión de lo ocurrido. Quería tener un alcance internacional y pensé que ese medio lo garantizaría. No sé si fue un error; pensé que a raíz de esta entrevista se investigarían internacionalmente los hechos, solo así la verdad saldría a la luz. No fue así.

¿Por qué el día que salimos hacia Santiago de Cuba, un tuitero del régimen anunciaba que viajábamos a Varadero?

Un mensaje escrito en la red social Twitter afirmaba que Oswaldo estaba saliendo de La Habana destino Varadero. Este tuit evidenció que estábamos siendo vigilados constantemente desde nuestra llegada a la isla. O fue un fallo de principiante, o quizá un modo de atemorizarnos. En cualquier caso, confirmó que tenían controlados los movimientos de Oswaldo. Para intentar desprestigiarle, por otra parte, dijeron que íbamos a Varadero, es decir, al ocio, a la playa, en lugar de a Santiago de Cuba. ¿Existe de verdad alguien tan ingenuo que pueda pensar que un coche con extranjeros y reconocidos opositores al régimen pueda desplazarse al interior de Cuba sin el control de la seguridad del Régimen? En Cuba nada, nadie, ni el más insignificante de los ciudadanos, escapa al control de la seguridad estatal. Mucho menos dos disidentes y dos extranjeros viajando juntos en un coche.

¿Tenía el carnet de conducir en vigor?

Sí. En aquellos momentos en plena vigencia. Se notificó en mi domicilio durante mi ausencia que iniciarían el proceso de retirada si no lo recurría. Evidentemente si hubiese estado en España, lo habría hecho, como cualquier acto administrativo sujeto a ello; si no hubiese tenido el carnét de conducir en vigor no habría conducido, y por supuesto menos en un país extranjero.

¿Quién impactó contra el coche?

A día de hoy no sabemos las identidades de quienes iban en el coche que nos impactó y nos sacó de la carretera con tan trágicas consecuencias. Sí sabemos, en cambio, que el Régimen había hecho lo mismo dos meses antes en otra avenida céntrica de La Habana y en aquella ocasión el coche donde viajaban Oswaldo y su mujer quedó siniestrado.

¿Quién me llevó al hospital? ¿Por qué fui el primero? ¿Quién llevó a los demás?

Ésa es una de las respuestas que nunca supieron o quisieron dar. Nadie sabe de dónde, en mitad de la nada, apareció la furgoneta que supuestamente me prestó ayuda en el siniestro. Nunca se supo quiénes eran los ocupantes. Nadie supo jamás (tampoco se investigó) quiénes me llevaron al hospital. Tampoco se sabe quiénes llevaron a Aron, ni cómo lo hizo Harold, y mucho menos Oswaldo. El gobierno cubano fue capaz de encontrar tres testigos que aparecieron súbitamente, y lo vieron todo; sin embargo este «*detalle*», el saber quiénes nos recogieron en medio de la carretera, no se acuerdan. ¿Es creíble que unos cubanos que casualmente pasaban por allí aparecieran en un hospital llevando a unos turistas y nadie los hiciera identificarse?

¿Cómo es posible que en semejante situación, los dos pasajeros delanteros salieran totalmente ilesos y los dos de atrás, según el régimen, destrozado y muerto al instante uno, y el otro, también moribundo?

Porque, sencillamente, no ocurrió así. Al ser embestidos por un coche, fuimos sacados de la carretera. No volcamos, no dimos vueltas de campana. Por ese impacto trasero, Oswaldo y Harold no pudieron haber muerto. Su muerte fue por otras causas aún desconocidas.

¿Cómo fue posible militarizar un hospital del interior de Cuba tan rápido?

Al hospital al que nos trasladaron estaba repleto de militares, como si fuera una operación especial del ejército, tomaron el hospital y se desplegaron. Si fue un accidente de tráfico sin más, ¿de dónde salieron todos aquellos militares y policías?

¿Por qué Aron Modig tenía los dos teléfonos de Harold y Oswaldo?

No soy yo quien puede responder esta pregunta. Aron me dio los dos teléfonos en el momento que coincidimos en la camilla del hospital. ¿Quién se los dio? Si Oswaldo había muerto al instante y Harold estaba moribundo, como dice el Régimen, ¿alguien cree que Aron se dispuso a vaciarles los bolsillos rápidamente? No lo creo. Y si una tercera persona se los entregó ¿no hubiera sido más lógico que me los diera a mí, puesto que Aron no hablaba español, y según afirma estaba dormido? Además cuando los tuve en mi poder, los vacié de contenido y tiré las tarjetas SIM por el retrete del hospital, mientras me guardaba los aparatos en la mochila, En el juicio y en los interrogatorios, ¿por qué nunca me preguntaron sobre esa destrucción, ni por los aparatos que seguro vieron en mi mochila?

¿Por qué a día de hoy no se han entregado las autopsias de Harold y Oswaldo?

He ahí una de las incógnitas más dolorosas: cómo es posible que no existan autopsias de dos supuestos cadáveres. A día de hoy, las familias siguen reclamándolas. Incluso internacionalmente han denunciado esta importante omisión ante la Organización de Estados Americanos. La respuesta ha sido el silencio. Han pasado casi dos años. Todavía nadie sabe cómo murieron ¿Qué ocultan los informes?

¿Por qué en las fotos publicadas por el régimen aparece el coche en diferentes escenarios y con distintos golpes?

Fruto de la improvisación, podemos comparar las fotografías tomadas al vehículo, publicadas por el régimen en sus medios afines, y ver que en algunas aparece junto a un árbol; en otras, cerca de un riachuelo; y por último, en medio de un camino de tierra. Los golpes también van cambiando, el coche tiene abolladuras más o menos pronunciadas, los embellecedores laterales puestos, o caídos y el parachoques aparece y desaparece según la fotografía que se mire. Y todo ello sin mencionar, el supuesto árbol contra el que colisionamos brutalmente que carece de torcedura o rasguño alguno. Obsérvense con atención las instantáneas y se comprobará lo que digo.

¿Por qué durante el juicio mi defensa no tuvo acceso al coche, ni a proponer peritos?

Simplemente porque Cuba no es un estado de derecho. La justicia, como todo, está manipulada por el poder político. Con unos tribunales totalmente dependientes del gobierno, cualquier intento de defensa es en vano. No poder proponer pruebas ni tener acceso a aquellas por las que se te acusa hace inviable cualquier intento de contradicción. Si algún perito independiente hubiera visto el coche, la versión oficial sería papel mojado.

¿Por qué no dejaron que hablaran sus testigos con la prensa extranjera?

Los supuestos testigos eran otros actores que participaron en la «*puesta en escena*» del juicio. Nadie supo de dónde habían salido. Como he dicho – y debo insistir en esto–, los testigos ignoraban quiénes habían llegado a socorrernos. Ni quiénes nos llevaron al hospital. Estaban programados para decir que íbamos muy rápido. Para que no se les olvidara la versión oficial, la llevaban apuntada en las manos y cuando las entrelazaban a la espalda, mostraban los apuntes con torpeza. Mis abogados y yo lo presenciábamos atónitos.

¿Por qué grabé el vídeo auto inculpatorio que todo el mundo pudo ver?

¿Es que acaso tenía otra opción? Me habían sedado, golpeado, obligado, si me hubiera opuesto quizá ahora se hablaría de mi extraña muerte. Y tanía miedo, no puedo negarlo. Durante el vídeo, mi expresión corporal, el estado de mi cara, mi forma de hablar y el uso de modismos cubanos, reflejan claramente que todo constituía un montaje orquestado por mis captores. Además ¿por qué Aron Modig, pudo comparecer ante la prensa y sin embargo a mí me grabaron en un vídeo sin periodistas de por medio y con un guión establecido por los militares? Lo único que querían era mi declaración para poder culparme, el resto daba igual.

¿Por qué mantuve la versión oficial mientras estaba en Cuba?

Tampoco en este caso tenía otra opción. Hubiera sido en vano oponerme. ¿Quién se hubiera enterado de que dije algo diferente a lo que ellos querían? Controlaban la información que salía de mí y no dejaban comunicarme a solas con nadie. Estaba en un callejón sin salida.

¿Qué hacía yo en Cuba?

Quería ir a ayudar a los defensores de la libertad como Oswaldo Payá, a los que luchan contra la tiranía que durante cincuenta y cinco años ha oprimido al pueblo cubano. Deseaba aportar mi granito de arena a tan encomiable labor. No soy un héroe, pero tuve la valentía de ir a apoyar a los casi siempre olvidados opositores, allí, donde sufren.

Algunos intentan desprestigiarme diciendo que iba de fiesta a la isla. Saben que es mentira. Si hubiera sido así, hubiera ido con algún amigo y no con un desconocido. Y mucho menos habría tenido contacto con la oposición al Régimen en ese viaje.

Cuando no puedes destruir el mensaje, la única forma que queda es acabar con el mensajero. Quienes dicen que fui a Cuba para otros propósitos mienten deliberadamente. Quizás para protegerse ellos mismos de la verdad.

¿Por qué si la familia cree en mi inocencia y acusa al Régimen de la muerte de Harold y Oswaldo hay medios que siguen demonizándome?

Para los demócratas, las dictaduras son siempre condenables, sean del signo político que sean, izquierdas o derechas. Por desgracia, para algunos, las dictaduras si son de izquierdas no son malas; son parte de su soporte ideológico. No importa si como en el caso de Cuba, llevan más de 55 años gobernado con mano de hierro. Ni siquiera importa que hayan destruido un país. La supuesta *«justicia social»* autoriza el horror. No se detienen a pensar que ni hay verdadera justicia social, ni el horror se justifica. El hecho de que yo sobreviviera al castrismo y decidiera contar lo que pasó allí, me convierte en un testigo incómodo para los que idolatran ese comunismo que ha quedado como reliquia de la Guerra Fría, y que todavía subsiste en Cuba y Corea del Norte, por no mencionar otros sitios donde hay cosas bastante parecidas.

¿Por qué no me han indultado aún a pesar de haberlo pedido la propia familia de Oswaldo Payá?

En España, el Gobierno puede conceder indultos. La polémica sobre esta medida de gracia ha sido notable en los últimos tiempos. Pero no recuerdo ningún indulto concedido en el que la supuesta parte agraviada sea la que solicite el perdón para el condenado. He aquí lo curioso del caso, lo que hace más injusta esta demora. Es más, la propia familia en el escrito de petición de indulto recalca que soy inocente, que a los culpables hay que buscarlos entre los cuerpos de la seguridad cubana. El fiscal español, sin embargo, se opuso alegando que no me había arrepentido. Pregunto: ¿si soy inocente, cómo voy arrepentirme? Y sobre todo, ¿cómo me arrepiento, si las familias de las víctimas no lo exigen y me consideran una víctima más? El fiscal demostró que la Justicia es impartida por hombres que, como tales, algunas veces se equivocan.

¿El Gobierno español pactó con Cuba cambiar la Posición Común Europea a cambio de mi regreso a España?

No sé a qué acuerdos llegó mi Gobierno. Siempre estaré agradecido por haber conseguido mi regreso. Fue un éxito, aun cuando me devolvieran condenado. Ésa sí fue una condición del Régimen cubano. Espero que la Posición Común que define que el objetivo de la Unión Europea en sus relaciones con Cuba es «*favorecer un proceso de transición hacia una democracia pluralista y el respeto de los derechos humanos y libertades fundamentales, así como una recuperación y mejora sostenibles del nivel de vida del pueblo cubano*», no se cambie mientras no haya libertad en la isla. Si mi indulto depende de ese cambio, prefiero seguir condenado. Espero que los países europeos, que siempre han defendido la libertad por encima de otros intereses, actúen y no lo permitan.

¿Por qué la familia supo que no había sido un accidente antes de que yo pudiera hablar en España?

La esposa de Oswaldo se entera porque desde Madrid recibe un mensaje de texto avisándole de que un coche nos había embestido y sacado de la carretera. Así lo mandamos por *sms* atemorizados para que no nos mataran. Son muchos los simpatizantes del *Movimiento Cristiano Liberación*. Algunos estaban en el hospital y lo vieron todo. Escucharon la verdad de boca de los implicados y lo contaron a la familia Payá. Sé que desde el primer momento la esposa de Oswaldo pidió entrevistarse con nosotros y nunca se lo permitieron.

¿Por qué el Gobierno español tuvo que aceptar la validez del juicio farsa?

Porque si no lo aceptaban nunca hubiera regresado. Se reconoció la validez de la sentencia cubana en un acuerdo del Consejo de Ministros y fue únicamente para poder traerme de vuelta. Solo así el Gobierno cubano accedió a soltarme. Si la propuesta hubiera sido que al llegar a España hubiese sido directamente liberado, Cuba no me habría soltado. Durante los primeros días de mi detención en el calabozo de Bayamo, sucedieron cosas extrañas como testigos que se ofrecieron a hablar y que más tarde desaparecieron, algún robo sospechoso… En todo caso, la estrategia se articuló para qué yo pudiera regresar cuanto antes y, en ese sentido, triunfaron. Alan Gross, ciudadano americano, sigue preso en Cuba.

¿Cómo son mis relaciones con el Partido Popular, con mi Partido?

El partido me respaldó en aquellos vacíos en los que algunos miembros del Gobierno no lo hicieron. Esperanza Aguirre, presidenta del Partido Popular madrileño, hizo público su apoyo desde el primer momento; no porque fuera yo un militante de su partido, que también, sino porque conocía la verdad y quería defenderla. Que acompañara a mi madre a la cárcel y que viniera a verme es algo que jamás podré olvidar y de lo que estaré agradecido siempre. Esperanza Aguirre de nuevo demostró su humanidad.

Además, a nivel nacional, la Secretaria General, Dolores de Cospedal, me ayudó en cuestiones bastantes problemáticas e hizo un reconocimiento público durante la Convención Nacional de las juventudes del PP. Es más, me impresionó profundamente cuando me entrevisté con ella y comprendí que le habían contado una versión diferente a la real. No sabía cosas que habían pasado y había escuchado versiones tergiversadas sobre ciertos aspectos. Ellas dos son las dirigentes más importantes que han hablado a mi favor.

En cuanto a mi trabajo, pude recuperarlo gracias a la alcaldesa de Madrid, Ana Botella, y a la concejal de la que dependía, Begoña Larraínzar, que mantuvieron su confianza en mí y a las que también estoy muy agradecido.

¿Por qué Cuba no acepta una investigación internacional?

Porque una investigación independiente llegaría a la conclusión de que el gobierno ordenó eliminar a Oswaldo Paya, el líder más destacado de la oposición en Cuba. Esta investigación no solo la ha pedido la familia mediáticamente y formalmente a través de la Fundación Robert Kennedy, sino también senadores y congresistas de Estados Unidos, la embajadora americana ante la ONU, eurodiputados de varios países, el Parlamento Europeo, partidos políticos de España y Latinoamérica, Premios Nobel como Montuto, instituciones en diferentes países, el expresidente Aznar, la presidenta Esperanza Aguirre… Confío en que esta investigación se inicie pronto, es un acto de justicia hacia Oswaldo y Harold y un derecho inalienable de las familias.

¿Cómo es mi vida en la actualidad?

Para bien o para mal, y de forma inevitable, mi vida pasada acabó. Nada es como antes. En la actualidad la rehago poco a poco. Sigo con una pulsera atada al tobillo izquierdo que me controla las 24 horas; las primeras noches no me dejaba dormir de la presión que ejercía. Ahora me he acostumbrado a ella. Esta pulsera hace que esté conectado telemáticamente desde casa con el Centro de Inserción Social, y me obliga a estar en casa a una hora determinada todas las noches, un vulgar toque de queda, que me impide por ejemplo ir al cine a la sesión de las 10 de la noche, o a cenar o celebrar un cumpleaños como cualquier joven de 27 años. No puedo planear vacaciones más allá de un fin de semana, he de pedir permiso, tampoco puedo salir fuera de Madrid. Cada mes tengo que presentarme dos veces en el Centro de Inserción Social como mecanismo de control, aparte del telemático. Y todavía hay gente que llama a esto, entre ellos, jueces y fiscales, vida normal. Lo peor, al final te acostumbras a estar controlado, a vivir en semilibertad y en la ducha o en la piscina ya no ves tan rara esa pulsera que llevas permanentemente atada a tu cuerpo.

Mientras, sigo esperando optimista el justo indulto, que la Posición Común de la Unión Europea hacía Cuba se mantenga, y sobre todo, sigo esperando, que los asesinos de Oswaldo y Harold respondan algún día ante un tribunal.